El naufragio de la
Santísima Trinidad y Nuestra Señora de Atocha.
**Almiranta de la Real Armada de Barlovento.
La Habana. 1711.**

© Carlos Alberto Hernández Oliva.
ISBN: 978-1-956239-00-3.
Library of Congress Control Number: 2021915138.
Crossing Fields ediciones.
Colección NAVALIS.
Cubierta: *The Shipwreck*. Claude-Joseph Vernet. Courtesy
National Gallery of Art, Washington.
Impreso en Estados Unidos.
Agosto de 2021

rossing **Fields**
Cultural Heritage Management

El naufragio de la
Santísima Trinidad y Nuestra Señora de Atocha.
Almiranta de la Real Armada de Barlovento.
La Habana. 1711.

COLECCIÓN

NAVALIS

Carlos Alberto Hernández Oliva

INDICE

8

Introducción

La vida puede cambiar tras un parpadeo. Con igual dramatismo esta realidad se aplica a los naufragios, o mejor dicho, a la navegación como se practicaba hace siglos. La naturaleza es impredecible y las posibilidades de los hombres frente a ella muy limitadas.

La travesía entre Veracruz y La Habana era "pan comido". Desde el almirante hasta el más simple marinero, tenían sobrada experiencia en navegar por el Caribe, conocían sus aguas, corrientes, orografía, vientos, costas e incluso, una parte importante del relieve sumergido.

Los barcos que conformaban la reducida Armada de Barlovento salieron en contra de los preceptos meteorológicos, en el mes de noviembre de 1711. La posibilidad de un mal tiempo se incrementaba exponencialmente con cada día transcurrido desde septiembre, pero el rey y sus arcas necesitaban de los dineros y mercancias que desde Nueva España contribuían a mantener el estatus de superpotencia que ostentaba España por entonces.

Zarpar dejó de ser una opción y se convirtió en obligación. Quedaba encomendarse a Dios. La singladura transcurrió sin grandes contratiempos hasta que los vientos de la costa noroccidental cubana se conjugaron y provocaron el naufragio.

El primer capítulo está orientado a exponer de forma secuencial los acontecimientos políticos que marcaron la primera década del siglo XVIII como recurso ineludible si se pretende contextualizar el naufragio.

Luego se propone una brevísima mirada a la formación y desarrollo de la Real Armada de Barlovento, fuerza a la que pertenecían las naves involucradas en el abordaje.

En el tercer capítulo entramos a detallar las particularidades del hundimiento, relatadas por parte de los protagonistas. Versiones que nos permiten conocer elementos de primera mano.

Casi finalizando se exponen los pormenores del rescate. Tarea minuciosa llevada a cabo con el mayor celo y capacidad organizativa.

Finalmente el proceso de libranzas. Todavía aquí no terminaban los sucesos vinculados a un naufragio. El repartimiento de las partidas podía dar lugar a reclamaciones y juicios que ocasionalmente tardaban años.

La farragocidad derivada de los documentos busca exponer el tema más allá del mar. El naufragio era la punta de un iceberg...

Finalmente al anexo recoge algunas de las fuentes que sirvieron para ordenar y conseguir coherencia en la narrativa, un complemento que puede resultar igualmente interesante y provechoso para los estudiosos del tema.

Contexto histórico general

El siglo XVIII comenzó de una forma peculiar: el rey Carlos II murió sin sucesor y esto condicionó la extinción de la casa de los Austria o Habsburgo en la penísula ibérica. Las intrigas y pujas por el trono no se hicieron esperar. Felipe de Anjou, bisnieto de Felipe IV y por lo tanto, nieto de Luis XIV de Francia, finalmente se hizo con la preciada corona. Ascendió al poder con el nombre de Felipe V, el primer Borbón que reinó en España.

En cuestión de pocos años, a partir de 1701, Francia y España, dos de las potencias europeas de mayor fuerza, eran aliadas y en conjunto constituían una amenaza para los demás, sobre todo los holandeses y británicos[1].

La llegada de Felipe V hizo que estallara la Guerra de Sucesión, que se extendió desde 1701 hasta 1713-1715, finalizando con la firma del Tratado de Utrecht. Tuvo su génesis en diferencias políticas que involucraban, como ya se ha dicho, a las principales potencias europeas.

1 Carlos MARTÍNEZ SHAW y María ALONSO MORA: *Felipe V*. Ediciones Arlanza, Madrid, 2001

Los bandos estaban bien diferenciados, por una parte Carlos de Austria respaldado por Inglaterra, Holanda, Portugal, Prusia y Saboya, y en territorio peninsular tenía de su parte a la corona de Aragón.

Archiduque Carlos de Austria.
I. Smith. 1703-13. BNE.

Felipe V. ¿1700? A. Reinhard
BNE.

Felipe V, el otro aspirante, contaba con sus adeptos castellanos, Baviera y Francia.

Poniéndolo en perspectiva, a principios del siglo XVIII Francia descollaba entre las naciones europeas. Por su parte, España continuaba conservando Flandes, Milán, Nápoles y Sicilia, además de los ricos territorios americanos.

Inglaterra emergía con extraordinaria rapidez y solidez, pero distaba unas décadas de la potencia económica y militar que llegaría a ser.

A España, sin embargo, le bastaba con sus propios problemas. A principios de la centuria el imperio había alcanzado proporciones que hacían virtualmente imposible controlarlo con éxito desde Madrid.

No era un secreto que los franceses pretendían extender su presencia, lo que inclinaba de forma peligrosa la balanza en contra de los demás países.

Guillermo III, aconsejado por sus diplomáticos, rubricó un convenio con Holanda y Austria poniéndolos de su lado en contra del poderoso Luis XIV, que desplazó parte de sus ejércitos para cubrir posiciones españolas en territorios de los Países Bajos.

La idea era que España no estaba sola, no abandonaría a su familia.

La guerra planeaba sobre Europa y en una fecha tan temprana como 1702 británicos y holandeses rompieron hostilidades en contra del nuevo rey español.

El primer golpe, ajustándonos al ámbito naval, lo sufrió la Flota de Nueva España que salió en 1702, pero en aguas españolas.

La tragedia de Vigo.

Era un convoy potente, compuesto por[2]:

19 galeones, de ellos sólo de guerra la capitana, en que traía la insignia el general D. Manuel de Velasco; la almiranta, en que arbolaba la suya D. José Chacón, y la almiranta de azogues, á cargo de D. Fernando Chacón, agregada á última hora; pero la escoltaba escuadra francesa de 23 navíos de varios portes, regida por el vicealmirante Cháteau-Renault. Hasta el meridiano de las islas Terceras hicieron el viaje sin notable ocurrencia: por aquellos parajes encontraron bajeles que les impusieron del rompimiento de la guerra y de estar en crucero armada anglo-holandesa que los esperaba, aludiendo sin duda á la del almirante Clowdisley Shovel que, en efecto, andaba en su busca como antes se ha dicho.

2 Cesáreo FERNÁNDEZ DURO. *Armada española. Desde la unión de los reinos de Castilla y Aragón.* Madrid. Museo Naval de Madrid. 1972-1973, T.VI: 23-24.

Batalla de Vigo, según grabado de Romeyn Hooghe. 1702.

En total eran treinta y nueve embarcaciones de tipología y portes diversos. Diecinueve españolas y el resto francesas con quinientos veintitrés cañones y novecientos ochenta y tres la francesa, para un total de mil quinientas seis bocas de fuego[3].

Las fuerzas británico holandesas se componían de aproximadamente ciento cincuenta velas y tras el asalto, los aliados franco españoles perdieron casi la totalidad de los barcos envueltos en la refriega.

La mayor parte del tesoro real se salvó, en tanto fue desembarcado a tiempo. Pero la armada española quedó herida de muerte y por lo tanto, la repercusión que tuvo en la carrera de Indias, fue proporcional.

---

3 Cesáreo FERNÁNDEZ DURO. *Op. Cit.* T.VI:36-37.

El Caribe hacia el primer cuarto del siglo XVIII.

Al otro lado del charco, el Caribe funcionaba como un amplificador de los conflictos europeos. Es cierto que la paz se agradecía, pero el recelo entre las potencias y las actividades ilícitas se mantenían con variable intensidad.

La relativa tranquilidad desde 1697 hizo de la economía el máximo beneficiario. El comercio intercaribeño estaba efervescente, con un gran movimiento al margen del real que beneficiaba, por lo tanto, a los mercaderes y repercutía en los niveles medios y alto de la sociedad.

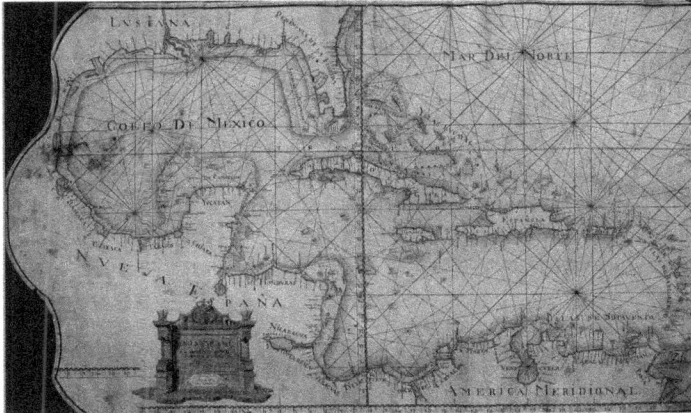

Contexto geopolítico del Caribe en la primera mitad del siglo XVIII. Francisco Ignacio Alarcón y Ocaña. BNE

La actividad económica derivada del trabajo de los hacendados, dueños de ingenios azucareros, constructores navales y la navegación de cabotaje, llegó a niveles importantes. Esto redundaba de forma positiva en la estabilización de la economía, con sus múltiples implicaciones en todos los niveles de la sociedad.

En 1700 el Consulado de Sevilla notificó a su similar en Lima que se había despachado una escuadra con la misión de desalojar a los ingleses del Darién, donde podían hacer mucho daño si interceptaban tanto a los navíos de guerra como marchantas[4].

En 1702 la poderosa escuadra francesa acompañaba a los galeones que hacían el viaje hasta el Caribe, tanto hacia Tierra Firme como hasta Nueva España.

Los ingleses siempre a la caza de presas entablaron un combate naval contra la armada comandada por el almirante Ducasse que[5]:

Galeón con su velámen desplegado y armas listas.
Rafael Monleón y Torres. BNE.

---

4 AGI. Estado, 74, N.67.
5 Cesáreo FERNÁNDEZ DURO. *Op. Cit*. T.VI: 86.

Llevaba consigo cuatro navios de línea y otros cuatro menores, uno de ellos recientemente apresado, y como saliera á su encuentro el almirante inglés Benbow con 10 navios, no pudiendo aceptar batalla con fuerza tan superior, forzó de vela en prosecución del viaje, batiéndose cinco días en marcha, en que hábilmente mantuvo unidas á sus naves, y las entró en Cartagena; una á remolque, desarbolada y poco menos que deshecho el casco. Sólo perdió la presa, recobrada por los ingleses, á cuya poca energía debió, casi tanto como á su valor, el escape.

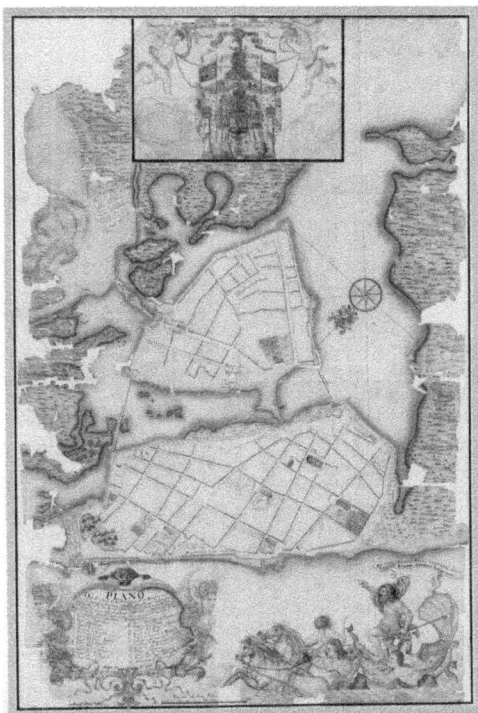

Cartagena de Indias. Plano levantado por el brigadier Juan de Herrera y Sotomor. 1730. BVD.

En 1702 los ingleses se empeñaron con Puerto Rico, atacando y siendo rechazados en las poblaciones de Arecibo, por el mes de agosto y Loízaa finales del propio año[6].

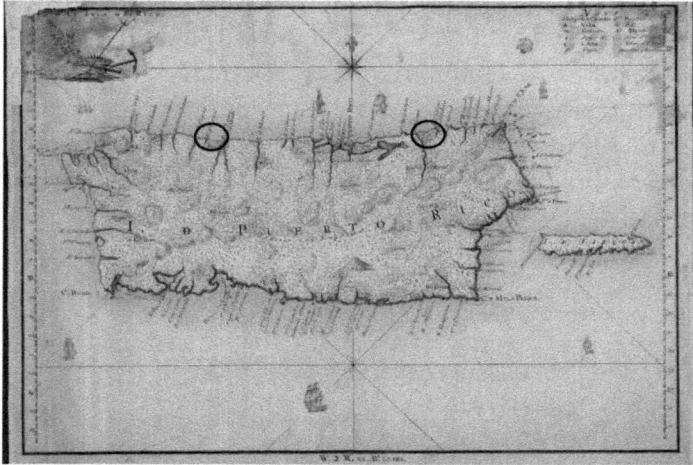

Poblados de Arecibo(circulado a la izquierda) y Loiza en la costa norte de Puerto Rico. 1784. BNE.

Es cierto que eran ciudades pequeñas, pero los británicos tenían la idea de establecer bases continuando con la dinámica del siglo anterior con Jamaica.

En 1703 Graydon y Walker hicieron alarde frente a los cañones del Morro, pero la ciudad estaba preparada, gracias a los avisos anteriores cursados por el Almirante Andrés de Pez[7]:

De las fuerzas navales que al presente tienen los ingleses en estas partes, se save ay en Jamayca 12 nabios de guerra y que solo podrá aprestar 6 por haversele muerto mucha gente.

---

6 AGI. Santo Domingo, 543.
7 AHNO. Osuna, CT.159, D.3.

18

En el verano del año arriba citado un fuerte convoy capitaneado por milord Codzington, general de las Islas inglesas de Sotavento, al mando de 44 naves, 10 de ellas de guerra y 4000 hombres, atacó Guadalupe. La valiente y esforzada reacción del gobernador Daniel de Auger de Subercasey la ayuda recibida de Gabaret, acabaron derrotando a los ingleses que dejaron en el campo de batalla más de 700 muertos y decenas de prisioneros[8].

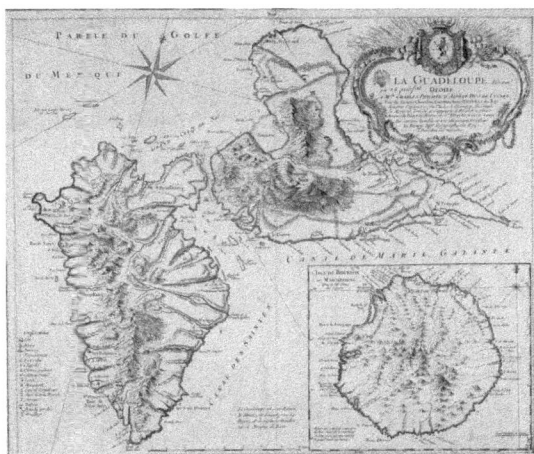

Isla de Guadalupe, Bahamas.
Georges-Louis Le Rouge. 1753. BNE.

Un año después las armas españolas golpearon nuevamente a los británicos. El gobernador de Santiago de Cuba Diego de Chaves, fuera de las jurisdicciones bajo su cargo y comando atacó duramente[9]:

Fe ha fabido por Francia que D. Diego de Chaves Governador de Santiago de Cuba fe apoderó de las Islas de la Providencia y de Siguatey junto al Canal

---

8 Gaceta de Madrid, N⁰. 30. 7 de julio de 1703, página 120.
9 Gaceta de Madrid, N⁰. 24. 3 de junio de 1704, página 96.

de Bahamas pofeidas por los Inglefes. Paffaron a ella de fu orden en dos embarcaciones 150 Efpañoles y Franfeces, cuyos Cabos eran Blas Moreno y Claudio la Chenfaye. Moreno tomó la villa de la Providencia con su Gobernador y Claudio affaltó el Caftillo, aviendo muerto a la Centinela. Halláronse 20 Cañones, muchas armas y municiones y en el Puerto 13 Embarcaciones. En una de ellas se embarcó el Capitán Juan López y 40 hombres con los quales fe apoderó de Siguatey, á poca refiftencia quemó y abrasó quanto encontró.

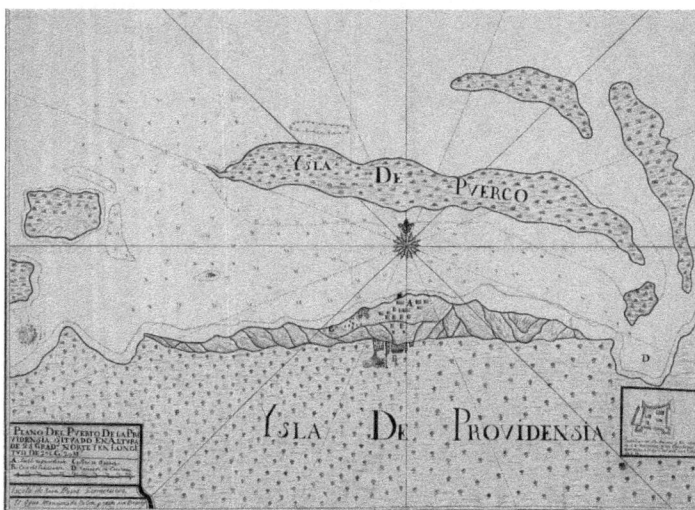

Providencia, Bahamas. 1743. BNE.

Los reveses llegaron para los españoles.

Si bien es cierto que no fue el primer combate en el lapso cronológico que encabeza este capítulo, quizás pueda catalogarse como el más importante, por el nivel de las pérdidas, y la cantidad de embarcaciones que entraron en la refriega.

Para la descripción del combate, ha sido tomado fundamentalmente, el expediente atesorado en el Archivo General de Indias[10] y cuando se utilicen otras fuentes, será especificado oportunamente, evitando de esta forma recurrir a la misma cita.

La Flota de Tierra Firme de 1706, formada por 10 naves mercantes y 5 buques de guerra, dejó atrás las costas españolas, aprestada para ofender y defender si era preciso. Al frente del importante convoy el general José Fernández de Santillán, Marqués de Casa Alegre. Su destino eran los principales puertos de Tierra Firme, recibiendo oportuna Real Cédula, que marcaba y explicaba el trayecto que debía hacer en las costas americanas[11].

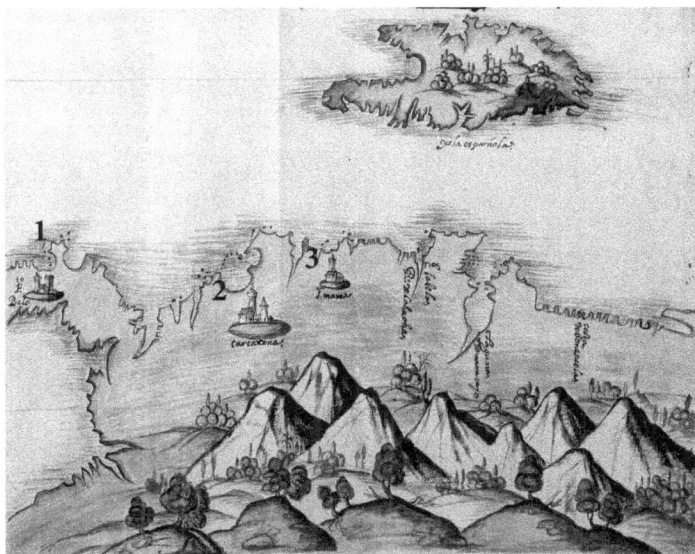

Principales ciudades de Tierra Firme. De izquierda a derecha Portobelo(1), Cartagena(2) y Santa Marta(3). 1629.
AGI. MP, Panamá, 264.

---

10 AGI. Indiferente, 2609.
11 AGI. Indiferente, 432, L.46.

Mientras esta poderosa escuadra surcaba el Atlántico los ingleses mantenían la presión psicológica sobre puertos importantes como los de Cartagena de Indias, pugnando porque los representantes del rey aceptaran en el trono a Carlos III, Archiduque de Austria. Eso explica el que en los primeros días del año 1707 una poderosa escuadra apareciera amenazante a la vista del importante enclave español.

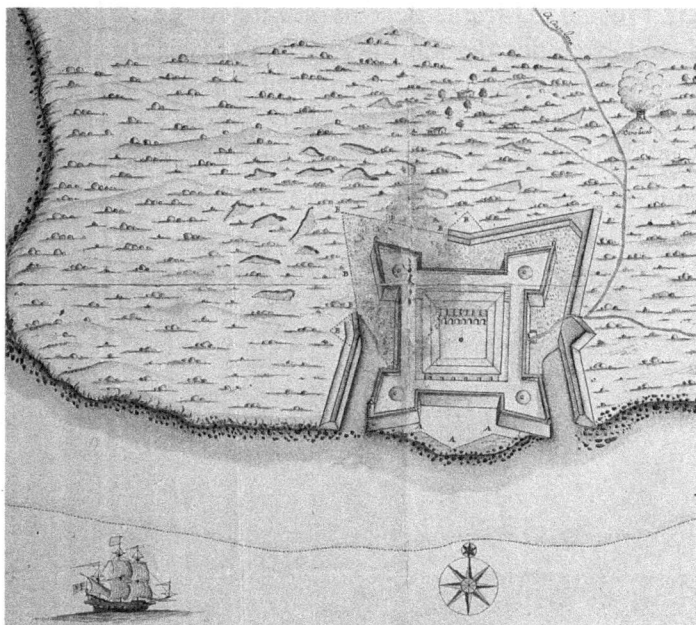

Castillo de Bocachica, Cartagena de Indias. Esta fortaleza defendía la entrada del puerto. 1672. AGI. MP. Panamá, 92. Detalle.

Por supuesto, Casa Alegre no tenía como misión combatir, sino conducir los necesarios caudales con eficiencia, evitando en lo posible exponerlos, razón que explica el que el sexagenario general, permaneciera al amparo de los muros fortificados de Cartagena.

Pero España estaba urgida de la plata extraída de Potosí, lo que motivó que con el riesgo latente, la flota se hiciera a la mar a finales de 1707. Se reunieron en la feria de Portobelo, pero el importante mercado se dilataba.

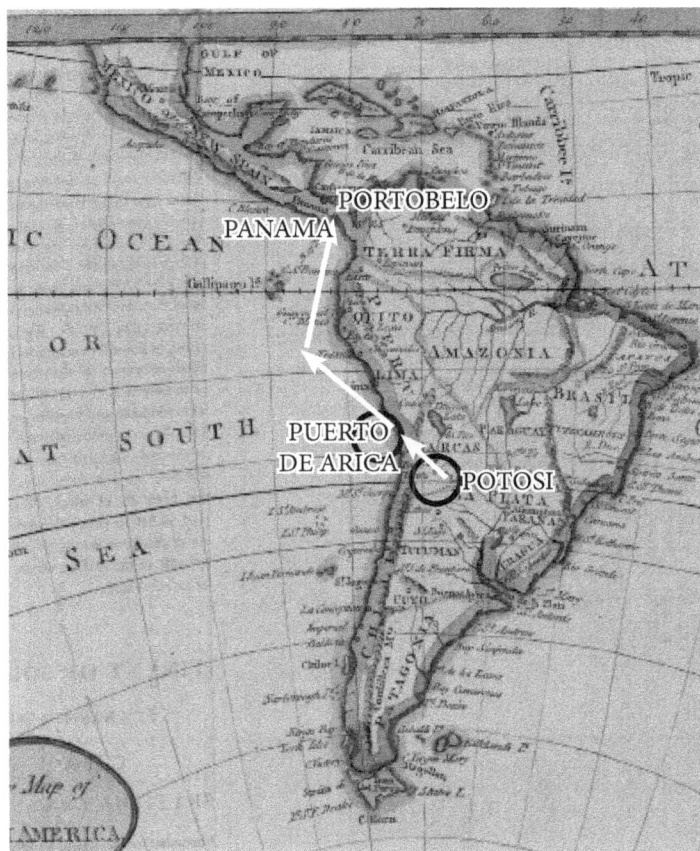

El oro, plata y otros productos, salían en recuas de mulas desde Potosí, buscando el puerto de Arica. Allí se embarcaban hasta Panamá donde las mercaderías se desembarcaban y eran nuevamente transportadas en mulas hasta la ciudad de Portobelo. Era un camino de extraordinaria complejidad, de ahí que las ferias no siempre se desarrollaran según lo previsto. BNE.

A finales de julio de 1707, Casa Alegre recibió carta del rey en la cual se le ordenaba que hiciera todo lo necesario para regresar a España, asumiendo incluso que la feria se pospusiera indefinidamente. Estos retrasos y problemas propiciarán el que los ingleses llegaran la zona y se dispusieran a cazar[12].

En 1708 el jefe del convoy estaba muy preocupado por que su armada de compañía, ya surta en La Habana, saliera escoltando a otra flota, pues los vientos eran propiciatorios para el tornaviaje y lo dejara sin protección.

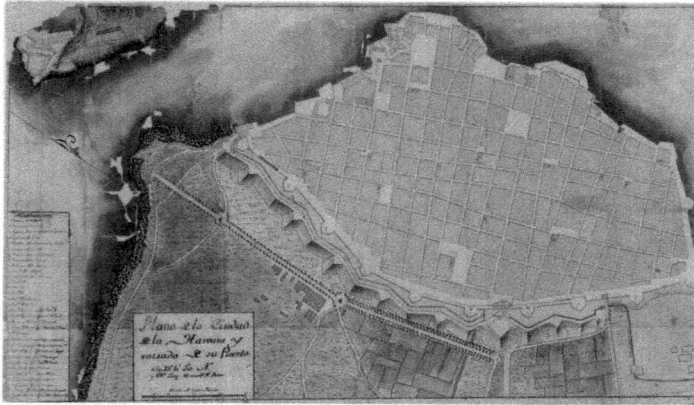

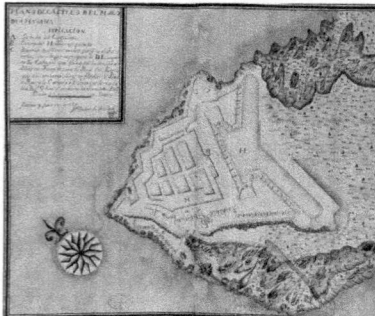

La Habana en la primera mitad del siglo XVIII. Para entonces, era un puerto fortificado y bastante seguro. BVD.
Plano del castillo del Morro. Era un fuerte obstáculo para acceder a la ciudad. AGI. MP.Santo Domingo,201

---

12 AGI. Indiferente, 432, L.46.

Ducasse lo sabía perfectamente. Estaba previsto que a la altura de la rada antes mencionada se le uniera una armada francesa, a cuyas órdenes debía ponerse el conde, en virtud de garantizar el regreso de forma segura para sus naves caudales reales[13].

Teniente General de las Armadas Navales de Francia
Jean Baptiste du Casse. Pintura atribuida a Hyacinthe Rigaud.
Siglo XVIII. MNM. Francia.

En este contexto hicieron su aparición los británicos. Al frente el experimentado comodoro Charles Wager, jefe de la Escuadra de Jamaica, a bordo del extraordinario navío *Expedition*, artillado con 71 piezas de fuego.

---

13 AGI. Indiferente, 432, L.46.

Además formaban la escuadra los siguientes buques[14]:

Kingston de 60 cañones, capitaneado por Simon Bridge.

Portland de 50 cañones, comandado por el capitán Edward Windsor.

Vulture, brulote con 24 cañones, y su capitán B. Crooke.

Galeón con todo su velámen desplegado. Galería de los Mapas. Vaticano.

Casa Alegre tomó la decisión de salir de Portobelo hacia Cartagena, a finales de mayo, custodiando los mercantes que cargaban los productos obtenidos en la feria. Además sus barcos estaban necesitando carena, por el mucho tiempo que pasaron en aguas cálidas. Dos fragatas estaban prestas para reforzar la escuadrilla.

---

14 Cesáreo FERNÁNDEZ DURO. *Op. Cit.* T.VI: 90.

Aparte de los mercantes, que podían ser una docena, acompañaban el convoy los siguientes galeones en capacidad de combatir[15]:

San José, de 62 cañones y a bordo del cual viajaba el conde.

San Joaquín, con 64 piezas, al mando de don Miguel Agustín de Villanueva.

Santa Cruz, de 44 cañones comandado por don Nicolás de la Rosa, conde de Vega Florida.

Nuestra Señora de la Concepción, urca mandada por el capitán Joseph Francis.

La *Mieta*, fragata francesa de 34 cañones.

Espíritu Santo fragata francesa con 32 cañones.

Nuestra Señora del Carmen, patache artillado con 24 cañones, al mando del capitán Araoz.

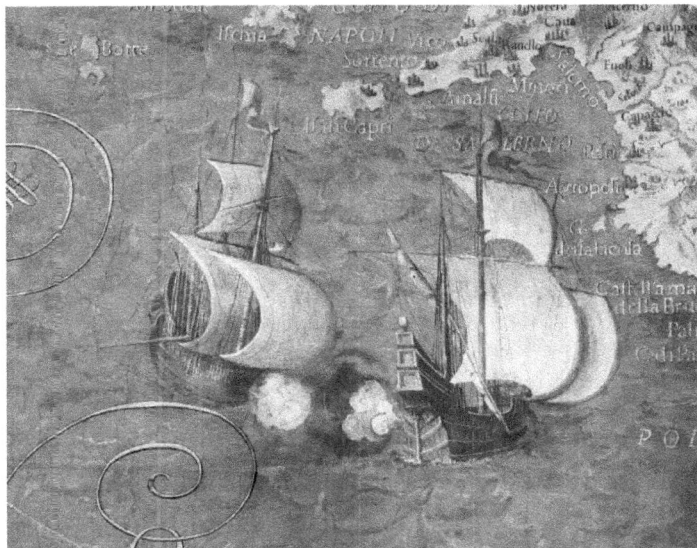

Combate naval. Galería de los Mapas. Museo del Vaticano.

15 Cesáreo FERNÁNDEZ DURO. *Op. Cit.* T.VI:90.

Los sistemas de inteligencia británicos sabían que la flota estaba pronta a llegar a Cartagena y el 7 de junio Wager estaba listo para entrar en combate, barloventeando sobre la entrada de la ciudad[16].

En las primeras horas de la tarde, avistó las 19 velas de su presa. Además del tesoro real, viajaban a bordo de estos buques gran cantidad de civiles, que transportaban importantes cantidades de dinero y otras mercaderías. Por supuesto, el grueso de la fortuna iba a bordo de los galeones de 64 cañones.

Ante la inminencia del ataque, la flota española se puso en formación de combate. Hasta este momento la superioridad numérica de los hispanos era evidente, no así la capacidad de fuego y maniobrabilidad de sus barcos. Además no contaban con las bondades del viento a favor[17].

El comodoro ordenó que el *Kingston* comenzara el ataque, disparando una andanada sobre el *San Joaquín*, que cerraba la formación española, haciéndole daños a nivel de la arboladura, lastrando la velocidad del barco.

Vigilante estaba sin embargo la tripulación de la urca *Nuestra Señora de la Concepción*, que desplegó velas y logró interponerse entre el navío y galeón, recibiendo las andanadas, pero dando margen al *San Joaquín* para evadir el bombardeo, aunque tuvo que salirse de la formación, dañado.

Por otra parte Casa Alegre, a bordo del galeón *San José*, intuyó que en su busca debe venir el propio comodoro, y no se equivocaba. En medio del fragor de la batalla los vigías avisan que el *Expedition* se le aproximaba desde dirección noroeste.

---

16 AGI. Indiferente, 2609.
17 AGI. Indiferente, 2609.

La fragata *Espíritu Santo*, ubicada a estribor y proa del *San José*, intentaba defender la arremetida contra el galeón, pero su artillería hizo poco efecto sobre el enemigo. Los franceses se retiraron casi sin sufrir daños, y junto a ellos algunos buques mercantes.

El navío ingles rompió el fuego sobre los 300 metros causando grandes destrozos en la obra muerta del galeón español, que le plantó cara, pese a estar mucho más cargado y tener poca movilidad. Intercambian andanadas y eran evidentes las intenciones de Wager de provocar un abordaje.

Sin poder precisar una explicación plausible, sobre las 7 de la tarde, el galeón *San José* estalló de forma horripilante. Se hundió con una carga valiosísima, y se llevó consigo la vida de casi todos sus tripulantes, entre ellos el esforzado conde de Casa Alegre[18].

Explosión del *San José*. Samuel Scott. 1743-1747. NMM. Londres.

---

18 AGI. Indiferente, 2609.

No hay dudas sobre la violencia y sorpresa de la explosión, y evidentemente no era el interés de los ingleses el provocar que la nave se perdiera, pues su carga era la más rica del convoy.

Esto quizás supone que un accidente prendió fuego al depósito de pólvora y munición, con la consiguiente deflagración.

Galeón siendo abordado por el castillo de proa.
Vicente Urrabieta. 1850. BNE.

Perdida ya irremediablemente su presa principal, Wager se puso en función de atacar al resto de las naves. Para entonces la noche se había cerrado y era muy difícil controlar el movimiento y la posición de los buques, tanto amigos como enemigos.

Otro de los barcos importantes era el *Santa Cruz*, que centró la atención de varios británicos. Este galeón recibió duro castigo, y sobre las 2 de la madrugada estaba seriamente dañado, incapacitado para maniobrar, expuesto por completo. La noche minimizó en alguna medida el impacto de los proyectiles, pues la confusión era notable.

Lo cierto es que a la hora antes dicha, Vega Florida, intentando evitar una carnicería innecesaria, izó bandera blanca, silenciándose inmediatamente las baterías británicas[19].

Este fue el último incidente activo. Ambas escuadras intentaban a marcha forzada reparar sus bajeles con la intención de que las luces del alba les permitieran enfrentarse nuevamente o ponerse a buen recaudo. Wager estaba decepcionado porque el botín a bordo del *Santa Cruz* era pobre y sabía que algunos de los galeones que no habían sido tomados tenían caudales importantes.

De los barcos ingleses el *Kingston* y al *Portland* recibieron poco castigo y pudieron reparar con presteza, de forma tal que al amanecer, emprendieron la caza del *San Joaquín* que singlaba relativamente bien. Al caer la noche estaba fuera del alcance de sus perseguidores.

El día 10 se reinició el mismo proceso, pero los pilotos españoles conocían a la perfección las costas y calados de la zona. Escandallo en mano, buscaron la comprometida y difícil protección de los bajos.

Poco después del mediodía, las naves británicas efectuaron varias descargas para disipar su ira ante la imposibilidad de aventurarse en los bajos de Salmadenas, a unas 3 leguas de Boca Chica, fuera de Cartagena. El galeón español respondió y sus artilleros consiguieron algún blanco en la arboladura. Villanueva no se lo pondría fácil, estaba dispuesto a encallar su nave y prenderle fuego antes que entregarla a sus adversarios, pero se sabía en clara inferioridad numérica para presentar batalla, priorizando salvar la carga, intención que hizo realidad, logrando burlar a sus frustrados perseguidores.

19 Cesáreo FERNÁNDEZ DURO. *Op. Cit.* T.VI:89.

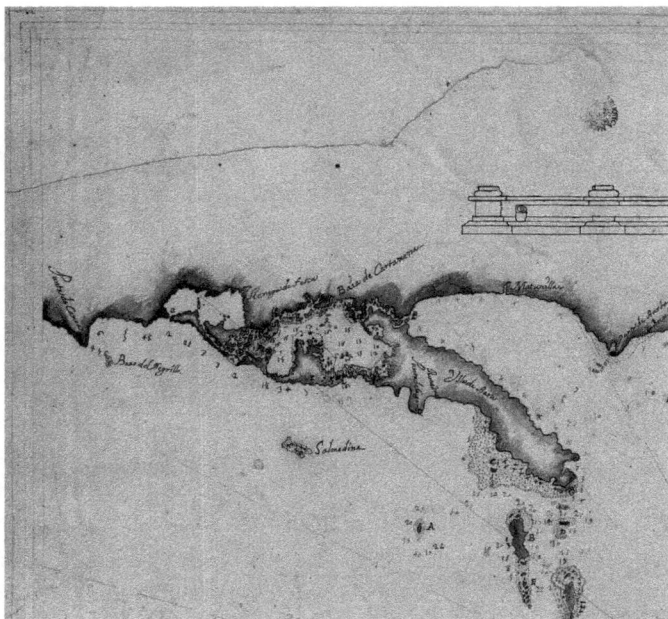

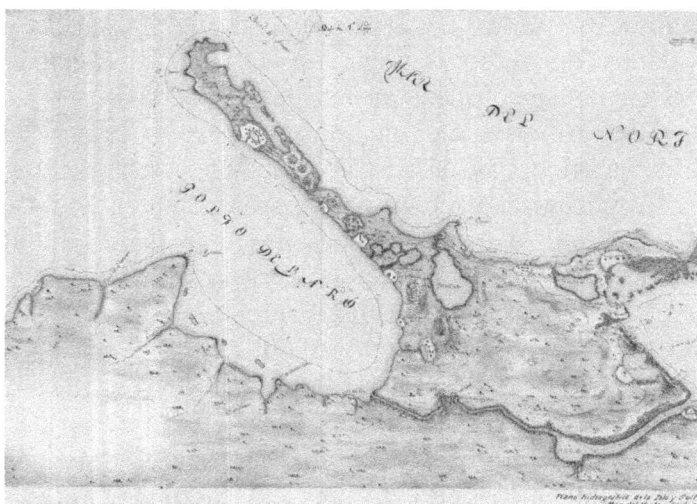

Escenario final del combate.
Carta de las costas de Nueva Granada...Detalle. 1735. BNE.
Plano hidrográfico de la Isla y Golfo de Baru...1755. BVD.

Una vez cumplida con bizarría su parte en el combate, tanto la urca como el patache, navegaron hacia el Este, retirándose de la zona conflictiva y buscando aguas poco profundas, entre Barú y la isla El Rosario, lo que garantizaba su seguridad para reparar algunos daños.

El 9 el patache *Nuestra Señora del Carmen* consiguió sortear el complejo canal de Barú y entró a Cartagena, pero la urca *Nuestra Señora de la Concepción* necesitaba salir un poco mar afuera para singlar sin peligro. El viento roló en contra obligándole a buscar el fondeadero de Isla Grande.

Enterado Wager, y molesto como estaba por su flaco botín, ordenó atacarlo. El capitán Nieto sabía que era casi imposible escapar y tomó la opción del sacrificio. Ordenó a su tripulación saltar a tierra con lo imprescindible e incendió la nave.

Sobre el día 20 se intercambiaron prisioneros y posteriormente el *Expedition*, ya restañado de sus averías y escoltando al *Santa Cruz*, enrumbó con destino a su base en Jamaica. Wager, previendo que los buques españoles pudieran salir, dispuso que sus tres barcos, a saber, *Kingston*, *Portland* y *Vulture* permanecieran barloventeando en el área.

Fue una dura pérdida para las arcas y moral española, pero no sería la última, aunque el *San José* está considerado como uno de los galeones más importantes de los que se hayan hundido en aguas caribeñas[20].

España se vio obligada a incrementar la proporción e intervención de corsarios, que de forma irregular pero constante, le hicieron daño al comercio enemigo.

---

20 Cesáreo FERNÁNDEZ DURO. *Op. Cit.* T.VI: 90.

El corso español llegó a cumplir "misiones" ofensivas, atrapando en altamar pequeñas presas, que sin embargo representaban desde el punto de vista económico un importante lucro para los patentados y de forma secundaria se beneficiaban las arcas reales, asumiendo que estos no declaraban ni mucho menos, todo lo que tomaban.

Patente de corso concedida por Carlos III.
1771. AGI. Mapas, Planos e Ingenios, 301

Un documento contentivo de las represalias hechas a ingleses siguiendo ordenes del rey que emitieron los tesoreros Gaspar José de Arrate, y Pedro Mancebo Fernández de Aguado, muestra de forma fehaciente el carácter lucrativo del corso español. Son cuantiosos y diversos los bienes incautados: telas, armas, azúcar, ron, cerámicas, herramientas, tinte etc. No es descabellado suponer que la actividad sustentaba una forma de vida relativamente holgada a los arriesgados corsarios, que

34

por una vez, tenían la oportunidad de enriquecerse sirviendo a su gobierno, amén de mantener el contrabando, en un doble juego igualmente lucrativo[21].

En marzo de 1707, otra flota, esta vez compuesta por fuerza combinadas inglesas y holandesas, surcaron las aguas del norte de San Cristóbal. Veintidós barcos de diferentes portes y tipologías llegaron a situarse a tiro de cañón del Morro.

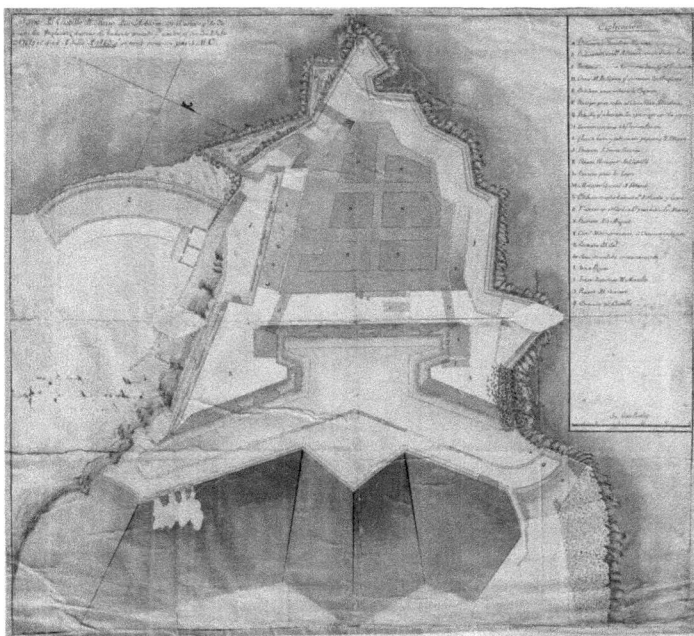

Castillo del Morro de La Habana. 1763. BVD.

Los artilleros españoles hicieron honor a su fama de excelentes tiradores y cañonearon con tal precisión a la armada que consiguieron abortar el intento de desembarco.

---

21 AGI. Contaduría, 1179, N.2.

Es justo añadir que la pronta y eficiente movilización de los habaneros complementó la actuación de los militares, respaldados además por la fuerza del sistema fortificado. Una vez más, la Fidelísima, permanecía incólume[22].

Pero era patente la progresión de la escalada británica, directamente relacionada con el dominio que conseguían de forma inexorable. España no tenía fuerzas suficientes para controlar tan bastos territorios y cedía ante el empuje de sus ambiciosos contendientes.

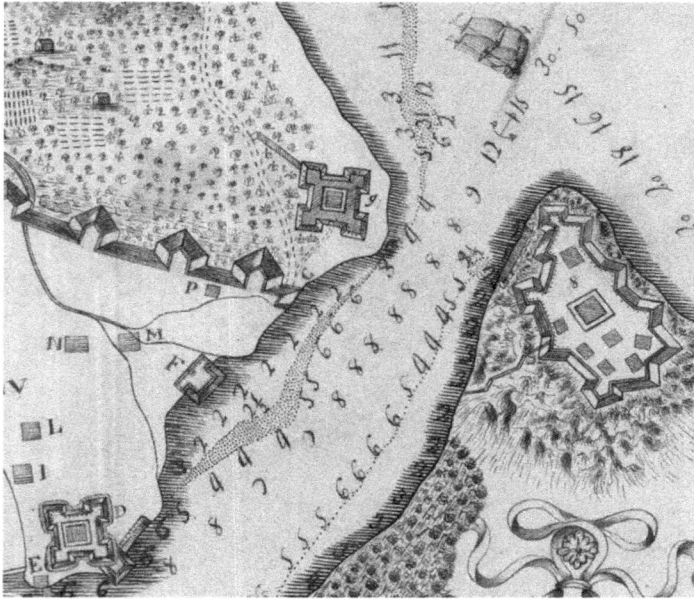

Entrada a la bahía de La Habana. Obsérvense las fortificaciones del Morro, la Punta, ciudad amurallada y Real Fuerza. Fragmento de un plano levantado por el teniente general Andrés Reggio y Brachiforte. 1724. BDRAH.

22 Cesáreo FERNÁNDEZ DURO. *Op. Cit.* T.VI: 88-89.

La Armada de Barlovento

E ste sumario sobre el nacimiento y desarrollo de la Armada de Barlovento pretende aportar una visión histórica diacrónica de este importante contingente naval.

Constituyó una de las fuerzas destinadas a limpiar de enemigos las costas del Caribe, y garantizar de este modo la seguridad en el tránsito de los convoyes que transportaban las mercaderías de las que dependía, en gran medida, la estabilidad financiera de España.

Se pretendía el incremento de las defensas navales en las colonias hispano-americanas, evitando el penoso y costoso viaje desde la metrópoli.

Con barcos de guerra en el teatro de operaciones, no era necesario esperar meses a que llegaran refuerzos salvadores, sino que se podía salir a combatir con mayor presteza, mover los recursos financieros y militares e incluso alguna que otra misión informativa.

Admitiendo su presencia y actividad es necesario apuntar que la efectividad ha de catalogarse como fluctuante.

Dependía de infinidad de factores que no siempre se conjugaban tal y como necesitaban en virtud de que las misiones se cumplieran exitosamente, a tono con el diseño.

El énfasis estará puesto en los aspectos como la construcción de barcos, dotación y acciones.

Arbolando o colocando los palos de un barco luego de ser botado. Siglo XIX. Cortesía de la Galería Nacional de Arte, Washington.

Inicios y desarrollo.

La documentación generada durante todo el período activo de la armada ha sido profusa y minuciosamente estudiada por Torres[1]. Sin embargo, considero necesaria una generalización a modo de contexto.

---

1 Bibiano TORRES RAMÍREZ. *La Armada de Barlovento*. Escuela de Estudios Hispano-Americanos. Sevilla, 1981.

Una de las primeras noticias encontrada sobre la estructuración de la armada en el siglo XVII corresponde al año 1600. Se trata de un documento que recoge una sesión del cabildo de la ciudad de Los Ángeles y la necesidad contribuir al sostenimiento de la misma[2].

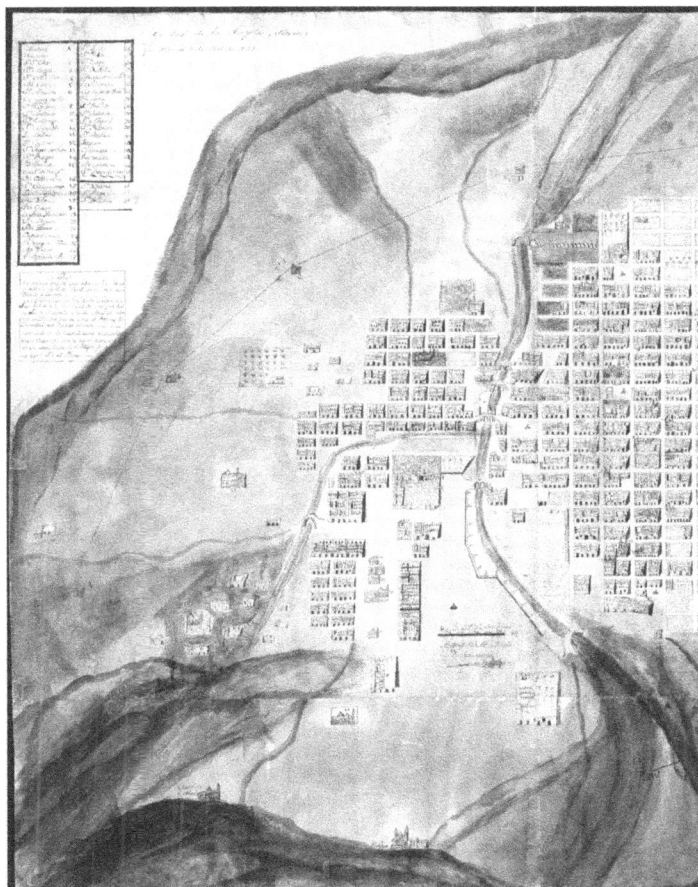

Ciudad de Puebla de los Ángeles.
Antonio de Sta. Maria Ynchaurregui. 1715. BVD.

2 AHN, 141, Diversos-Colecciones, 34, N. 14.

En el verano de 1605 el virrey marqués de Montesclaros le escribe al rey especificando que como parte de los dineros que van registrados a la Casa de Contratación[3]: "trezientos mill ducados(...)pala fabrica y gastos de la armada de Barlovento".

En 1608 el rey emitió varias cédulas, libranzas y providencias encaminadas a la construcción de nueve buques en La Habana. Para ello se logra un asiento con Dionisio Lermite, de procedencia flamenca, vecino de Valladolid, quien contribuiría a la arboladura y otros pertrechos[4].

Ciertamente, casi todas las posesiones ultramarinas estaban involucradas en el sostenimiento de esta fuerza. En 1609, una real cédula a Juan de Borja Enríquez, capitán general de la Armada de Barlovento, acompañando relación, para que informe de la conveniencia de fundir en San Cristóbal de La Habana la artillería necesaria para sus barcos. Añade los precios del cobre de dos fundiciones, para que procure que el gobernador de la ciudad ponga en ejecución lo que se le ordena[5].

Es oportuno agregar que en ese mismo año se emiten los títulos de almirante al esforzado y hábil marino Martín de Vallecilla, así como el de capitán general de la Armada de Barlovento a Juan Enrique de Borja[6].

Sin embargo, aunque en 1610 los barcos ya estaban listos, la orden fue la de asignarlos a la Armada del Mar Océano.

La Armada de Barlovento era un espejismo[7].

---

3 AGI. México, 26, N°.88.
4 AGI. Contaduría, 554.
5 AGI. Santo Domingo, 869, L. 6.
6 AGI. Contaduría, 554.
7 Bibiano TORRES RAMÍREZ. Op.Cit.:27.

Desde 1616, el armador Alonso Ferrera logró anuencia real para construir bajeles en el puerto habanero destinados a las defensas costeras. Apremiaba el soberano[8]:

> Por cuanto en el asiento que he mandado tomar con Alonso Ferrera residente en la Ciudad de La Habana sobre el fabricar en el puerto de ella cuatro galeones para la Armada de la guarda de la carrera de las Indias.

Grada de construcción naval por Theodor de Bry. 1594.
Cortesía del Rijksmuseum.

Los esfuerzos desplegados por el general Jerónimo Gómez de Sandoval de conseguir ocho galeones, dos pataches y un total de mil seiscientos hombres entre soldados y marineros, no cristalizaron pese a la probada necesidad de proteger las costas caribeñas[9].

---

8 AGI. Contratación, 4895.
9 Bibiano TORRES RAMÍREZ. *Op.Cit.:29-30.*

Sin embargo[10]:

la idea de crear la Armada de Barlovento, a fin de que alejase de Cuba los peligros que solían amenazarla, fue sustituida por la providencia que destinó los galeones construidos en La Habana a la guarda de la carrera de Indias.

En el mes de mayo de 1636 el virrey de Nueva España, Lope Díez de Armendáriz, Marques de Cadereita, le envió una carta al rey en la que le proporcionaba una serie de elementos para el buen funcionamiento de la Armada, y además dispuso de 200.000 pesos para comenzar y adquirir seis navíos[11]. Un año más tarde sigue proyectando[12]: "una Armada de doce Galeones y pataches, para la Guarda y defensa del mar del Norte, yslas de Barlovento y ceno Mexicano".

Construcción de un galeón. Sieuwert van der Meulen. 1690-1710. Cortesía del Rijksmuseum.

10 Guerra et al: *Op. Cit.*: 188.
11 AGI. México, 31, N. 49.
12 AGI. México, 35. No.13.

En la práctica, se compraron los siguientes:

La Concepción, nao de 330 toneladas, dueño Toribio de la Peñuela.

Nuestra Señora del Rosario, nao de 250 toneladas, propiedad de Marcos de Almeyda.

San Antonio, urca de 400 toneladas, mandada por el capitán Mateo Sánchez.

Nao de Fernando Cortés, de 400 toneladas, botada en Jamaica.

Patache de 150 toneladas, propiedad de Domingo Bello.

Fragata de Pedro Sánchez, 400 toneladas, armada en Campeche.

Fragata *La Liebre*.
AGS. MPD, 67, 068.

Según Torres[13] fueron los primeros bajeles que formaron parte de la escuadra aquí estudiada.

Meses después, otra real cédula de Felipe IV, dirigida a don Martín de Saavedra y Guzmán, gobernador

---

13 Bibiano TORRES RAMÍREZ. *Op.Cit.:* 42-43.

y Capitán General del Nuevo Reino de Granada y presidente de su audiencia, le conmina a que apreste las necesarias contribuciones de dicho reino destinadas al mantenimiento de dichos barcos[14].

Firma de D Martín de Saavedra y Guzmán.
AGS. MPD, 70, 037.

En 1640 está creado el nuevo derecho, tal y como se desprende de las cuentas tomadas al capitán Juan de Oribe Salazar, administrador, por los contadores Alonso Dávila Gaviria y Sebastián de Pastrana y Cabrera en Cartagena de Indias. Este nuevo impuesto pretendía paliar, en alguna medida, la siempre necesaria demanda de dineros[15].

Un año más tarde salía en compañía de la Flota de Nueva España. Esta singladura tuvo la particularidad de que los barcos navegaron hasta España, dejando atrás su teatro de operaciones.

Quedó sentado un precedente que habría de repetirse, dictado por situaciones políticas específicas[16]:

> Salió pues la Flota del cargo del General Iuan de Campos, (por muerte del General Roque Centeno) a los 23 de Iulio del año de 1641 llevando uno

---

14 AHN. Diversos-Colecciones, 33, N.30.
15 AGI. Contaduría, 1401.
16 BNE. VE/1460/12.

de los mayores theforos, que de este reino ha falido(...)Salio tambien por fu Comboy la Armada Real de Barlovento, con sus nueve Naos referidas llevando el mayor numero de foldados que en eftas Provincias se pudo conducir reduzidos a nueve Compañias con oficiales practicos en la milicia y curfados en efta carrera.

Si comparamos con la anterior relación se notan algunas incorporaciones y cambios de rangos[17]:

Capitana: *Santísimo Sacramento*, 350 toneladas, mandada por el general Fernando de Sosa y capitaneada por Gutiérrez de Sosa, hijo del general. 26 cañones habilitados con 1000 proyectiles, 21 quintales de balas de arcabuz y mosquetes, 5o quintales de polvora y 25 de cuerda.

Almiranta: *La Concepción*, 350 toneladas, almirante general Antonio de la Plaza. 20 piezas con 678 balas, 14 quintales para mosquetes y arcabuces, más 77 quintales de pólvora y 22 de cuerda.

Nao *San Antonio*: 300 toneladas, 16 cañones, 660 balas, 44 quintales de pólvora y 12 de cuerda.

Nao *Nuestra Señora del Rosario*: 16 piezas, 572 balas, 7 quintales de proyectiles para mosquetes, 45 quintales de pólvora y 17 de cuerda.

Nao *Nuestra Señora de la Peña de Francia*: 170 toneladas bajo las órdenes del capitán Juan de Sandi. Montaba 10 cañones, habilitados con 286 balas, 12 quintales para los mosquetes, 35 quintales de pólvora y 11 de cuerda.

Nao *Candelaria*: 300 toneladas, 20 piezas servidas con 741 proyectiles, 16 quintales de arcabuces y mosquetes, 50 de pólvora y 20 de cuerda.

---

17 BNE. VE/1460/12.

Nao *Santa Ana Garza de Villena*: 200 toneladas, 11 cañones, habilitados con 553 balas, 8 quintales de balas para mosquetes y arcabuces y 30 quintales de pólvora y 2 de cuerda.

Nao *San José*: Menos de 200 toneladas, 12 piezas, capitán Gaspar de Molina, 413 balas, 13 quintales de arcabuces y mosquetes 40 quintales de pólvora y 18 de cuerda.

Patache: 6 cañones, 113 balas y 10 quintales de pólvora.

Era una fuerza digna de ser tomada en cuenta, admitiendo sus limitaciones, pero apuntaba a consolidarse en dotación de cara al futuro. Sin embargo, un quiebro del destino cambiaría todo nuevamente, a negativo.

Hubo disputas por la extensión de la singladura hasta España. Los ánimos se caldearon y fue necesario imponerse. Salieron los barcos, pero varios temporales consecutivos acabaron con la flota y los barcos de la armada no libraron de tal suerte que dos se hundieron y los demás, medio destartalados, pudieron reunirse nuevamente en Veracruz[18].

El conde de Salvatierra, en carta al rey, resumió con bastante detalle el estado de la armada, en carta firmada en 1642[19]:

> Procure saber el estado que tenia la armada de barlovento para cuyo efecto llego a aquella ciudad el general hernando de sosa(...) estan tan mal parados que necesitan de mucha carena y pertrechos sin que para el gasto de esto ubiere en las arcas donde se rrecojen los efectos consignados a esta armada ningun dinero.

---

18 Bibiano TORRES RAMÍREZ. *Op.Cit.*: 45.
19 AGI. México, 35, N0.19.

El panorama podría ser más desalentador, pero era algo a lo que ya estaban acostumbrados y sobreponerse resultaba indispensable.

Transcurrida la primera mitad de la centuria, la inestabilidad se mantenía. Las misiones se cumplían con mayor o menor éxito, pero los situados y participación en refriegas de poca escala pautaban su evolución en el tiempo. Los naufragios, sobreexplotación, pocos dineros para las reparaciones, combates, entre otras razones, incidieron en la casi desaparición de la armada.

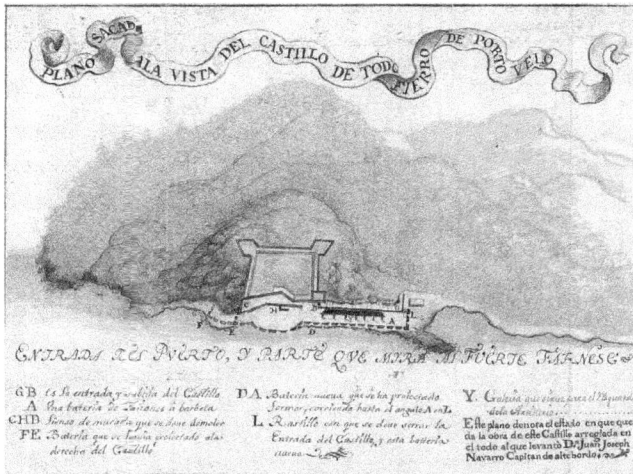

Castillo de Todo Fierro de Portobelo.
Custodiaba la entrada del puerto y se rindió apenas sin presentar combate. ¿1735?. BVD.

Nuevos barcos fueron dispuestos y entrarían en acción muy pronto, en este caso frente al eterno rival británico. En 1668 se produjo el ataque y toma de Portobelo comandado por Morgan[20].

_____

20 AGI. Panamá,24,R.1,N⁰.3.

El socorro de la Armada de Barlovento no se hizo esperar, pero a un alto precio. Poco pudieron hacer los españoles frente a la superioridad del enemigo y como resultado de la confrontación, se perdieron todos los barcos, artillería y pertrechos.

Salvaron la vida un puñado de hombres que afortunadamente consiguieron llegar a Veracruz[21]

En 1680 se promulgaron unas instrucciones para la armada, lo que constituyó un hito en su evolución y supervivencia. Fue un intento por unificar los criterios de diferentes oficiales que de una forma u otra estaban relacionados con esta fuerza[22].

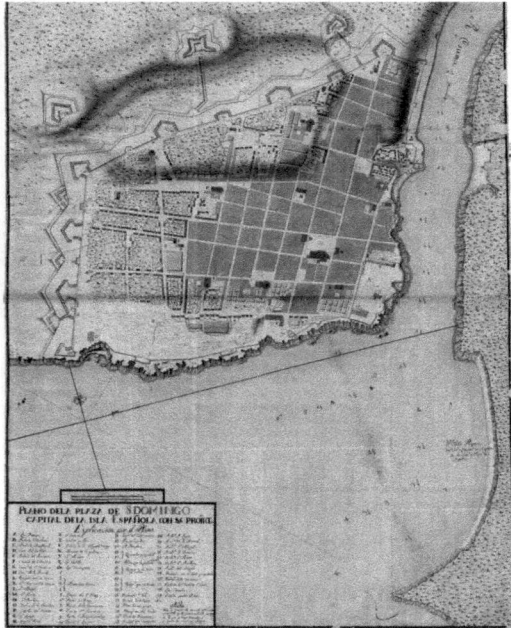

Santo Domingo fortificado. 1730. BVD.

---

21 Bibiano TORRES RAMÍREZ, *Op.Cit.*:94.
22 Bibiano TORRES RAMÍREZ. *Op.Cit.*:113.

Además, amplió y diversificó el ámbito geográfico bajo su defensa.

Poco significó esto en el plano material, pues las dotaciones no llegaron, una vez más a lo planificado. El repartimiento de los situados y convoyar a las flotas hasta el Canal de Bahamas fueron las ocupaciones principales en las postrimerías del siglo.

En 1696 los franceses se presentaron en el Caribe, amenazando varios puertos y sembrando la inestabilidad en las costas de Santo Domingo.

El año estaba por terminar y el general de la armada aprestó sus cinco barcos con la intención de hostigar a los galos.

Aunque la singladura comenzó con buen pie, la armada perdió su capitana y como resultado de este revés el general Andrés de Pez, y el almirante Guillermo Molfi fueron encarcelados y juzgados[23].

La llegada del nuevo siglo trajo pocos cambios en la estructura y potencia. A principios se desató la Guerra de Sucesión, como se ha visto en el capítulo anterior, y la armada con sus altas y bajas, era una fuerza a tomar en cuenta.

Por entonces la componían los siguientes barcos[24]:

Capitana: *Santísima Trinidad y Nuestra Señora de Atocha*. Fragata de 52 cañones.

Almiranta: *Nuestra Señora del Rosario*. Fragata de 42 cañones.

Fragata *San Bernardo*, artillada con 30 piezas.

Patache *San Joaquín y Santa Ana*, montando 22 piezas.

Balandra *San Joaquín*, con 4 cañones.

---

23 AGI. Santo Domingo, 467.
24 Bibiano TORRES RAMÍREZ. *Op.Cit.*:170.

Para 1706, con el general Pez al frente, la armada volvió a dividirse. La capitana se convirtió en portadora del dinero real y de particulares, cumplimentando la singladura hasta España[25]. Lo mismo sucedió en 1708, 1710 y 1711.

En julio de 1710 la capitana con la nave de gobierno y un patache recibieron la misión de transportar el situado de las islas de Barlovento[26]:

El 28 del referido mes entrasteis en la Havana donde dejasteis la cantidad de su consignacion y las del Pressidio de Cuba y os debisteis hasta el dia 11 de jullio que salisteis a desembocar la Canal de Bahamas comboyando(...)navegacion hasta aquel parage de diferentes embarcaziones y entre ellas la que transporto el situado de la Florida que dejasteis asegurado en la costa y otra que hacia viage a estos reynos.

Posteriormente la capitana, *Nuestra Señora de Guadalupe*, con otros barcos, zarpó de España en el verano e hizo toda la travesía sin problemas[27]. La documentación sobre esta parte de la flota y armada generada a partir de los registros de ida hacia Nueva España contiene valiosa información sobre los barcos, dotaciones y cargas. Sin embargo, es la otra parte de la armada, la que constituye objeto de interés para este trabajo.

Cuando Arriola llegó con sus buques al puerto de Veracruz y luego de una profunda inspección a su capitana el dictamen fue claro: era imponderable repararla. La obra viva estaba muy dañada por el ataque de xilófagos resultante de largas permanencias en los puertos americanos.

---

25 AGI. Contratación, 5102.
26 AGI. Indiferente, 2516, L.5.
27 AGI. Contratación, 1273, N.1.

Según Torres[28]:

A su llegada a Veracruz, después de esta serie de viajes continuados, no hubo más remedio que hacerla carenar. Por esta causa no vuelve a salir con la flota, ocupando su lugar la nao almiranta la Santísima Trinidad y Nuestra Señora de Atocha, al mando del almirante Alarcón.

Patache navegando con sus velas desplegadas. BNF.

Consiguió trasladar más de un millón de pesos en su viaje anterior y estaba claro que el recién estrenado virrey no quería arriesgarse[29].

Sin más dilación ordenó el apresto de la almiranta, patache y naos de particulares.

La almiranta con otras naves, se quedaron en puerto o ejecutaban funciones muy puntuales. Durante 1711 la *Santísima Trinidad* no tuvo encuentros armados que afectaran su capacidad de navegar.

---

28 Bibiano TORRES RAMÍREZ. *Op.Cit.*:177.
29 AGI. Contaduría, 892B, R.5.

Se mantuvo haciendo sus trabajos como escolta, transportando situados y ahuyentando cualquier intento de piratería.

Fernández Duro, refiriéndose a esta primera década del siglo XVIII afirmó[30]:

Seguían llamándose flotas, por costumbre, á las raras y menguadas expediciones logradas; en realidad no merecían tal nombre la de 1710, en que llevó de España á Veracruz un bajel de guerra con azogues y otro de mercancías el almirante D. Manuel López Pintado, ni la que en sentido contrario condujo hábilmente D. Andrés de Arrióla, formada con la Capitana de la escuadra de barlovento y dos mercantes. Tampoco la que se dispuso casi al mismo tiempo con mil dificultades, agregando á la Almiranta de la misma escuadra tres naves del comercio, y rigiendo á todas D. Diego de Alarcón y Ocaña.

El ordenamiento jerárquico de la armada, con sus variaciones de última hora, quedó definido o integrado por los siguientes oficiales:

Capitán General.

Andrés de Arriola tenía una impresionante hoja de servicios. Marino astuto, con una alta capacidad táctica que demostraba modificando las misiones de acuerdo a los imponderables o ventajas que se sucedían de forma dinámica.

Dos relaciones de Méritos sustentan lo anterior, una emitida en 1683[31] y la otra en 1711[32]. En noviembre de 1706 la Junta de Guerra decidió imponerle una nueva responsabilidad: general de la Armada de Barlovento[33].

---

30 Cesáreo FERNANDEZ DURO. *Op.Cit.*: T.VI:121
31 AGI. Indiferente, 130, N.29.
32 AGI. Indiferente, 138, N.28.
33 AGI. Indiferente, 138, N.28.

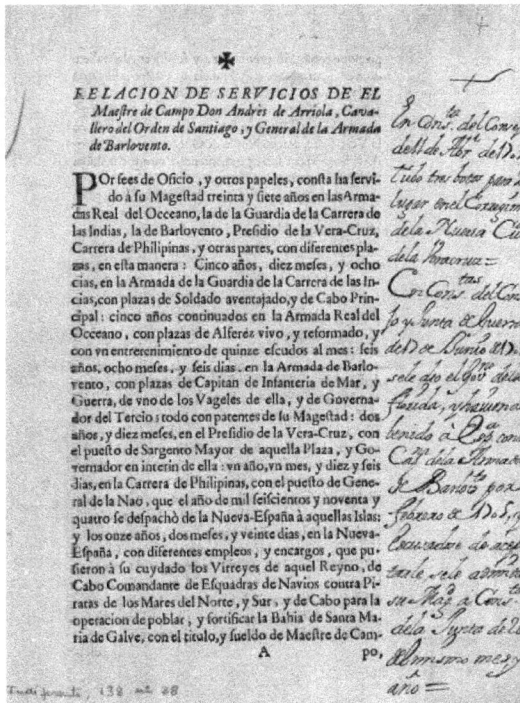

Primer folio de la Relación de Méritos y Servicios de Andrés de Arriola. 1705. AGI. Indiferente, 138, N.28.

En el siglo que nos ocupa, Arriola condujo eficazmente la Armada en 1704 y consiguió retornar con los caudales del rey y particulares en1705. Repitió viaje en 1710 y regresó en 1711. Ante la carencia de barcos para la Flota de Nueva España aprestó rápidamente su buque y volvió a salir en el propio año de 1711. La muerte lo sorprendió en Jalapa, mientras se ocupaba de conseguir equipar el convoy de 1712[34]. Le sucedió en el cargo Don Pedro de Ribera, al frente de los barcos que hicieron el viaje en 1713[35].

---

34 AGI. Contratación, 3241.
35 AGI. Contratación, 3242.

Almirante.

Diego de Alarcón y Ocaña hizo una parte importante de su carrera militar en la Armada de Barlovento. Fue escalando a costa de mucho valor, victorias y también fue juzgado cuando perdió naves y combates, pero siempre salió limpio, manteniendo su reputación de excelente soldado y jefe.

Firma de Alarcón.
AHNOB. Baena, C.174, D.104

Nació en La Habana, para 1686 se le describe como un hombre rubio, de ojos azules, "buena complexió"[36]. Tenía trece años de servicio, inicialmente durante tres años y medio sirvió en la Compañía de Caballos de la ciudad, en 1678 entró al servicio del Castellano del Morro de arcabucero simple, donde sirvió bajo las ordenes de diferentes capitanes, permaneciendo por casi tres años bajo el comando de José de Calatayud.

En 1681 obtuvo licencia para ir a España obteniendo el rango de capitán de una de las compañías del Tercio de Flandes. En 1690 el rey expidió certificación donde se le nombró capitán de una de las dos compañías de infantería del Presidio de la ciudad de Veracruz y paga de sesenta ducados de Castilla al mes[37].

---

36 AGI. Indiferente, 134, N.7.
37 AGI. Indiferente, 134, N.7.

54

Recibió recomendación por parte del Capitán General de la Real Armada de Barlovento, Jacinto Gómez Gijón en 1691 como parte de los requerimientos en su aspiración por ser nombrado Capitán de Mar y Guerra. Hubo de esperar unos años hasta que el proceso se completara:

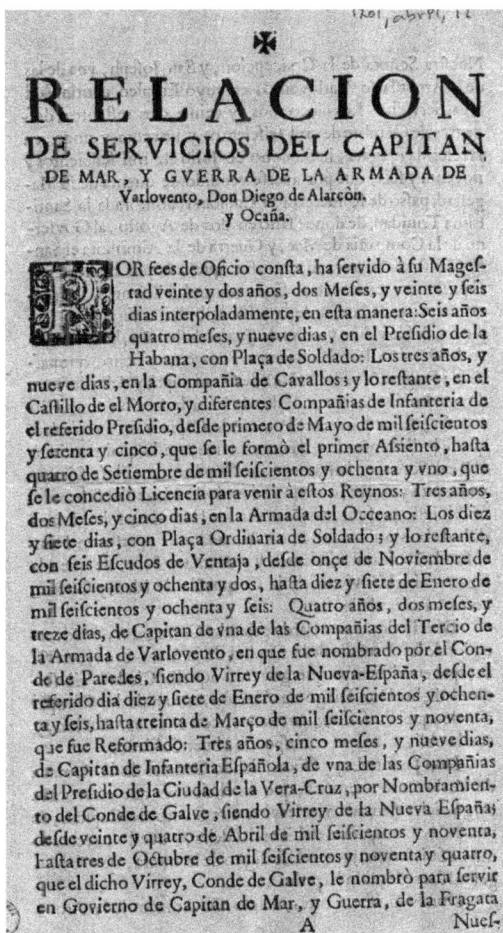

Primer folio de la Relación de Méritos y Servicios de Diego de Alarcón y Ocaña. 1702. AGI. Indiferente, 135, N.136.

Por quanto el Capitan de Infanteria Don Diego de Alarcon que lo hera de una de las compañias de el Presidio de la ciudad de la Nueva Veracruz represento a Don Gaspar de Sandoval Cerda Silva y Mendoza Conde de Galvez(...)hallandose vaca la plaza de Capitan de Mar y Guerra de una fragata de mi real Armada de Varlobentto y seno Mexicano nombrada Nuestra Señora de la Consepzión y San Joseph: el dicho mi Virrey le nombro para este empleo por su decreto del veinte y dos de septtiembre Proximo Passado deste Corriente año de la data...

La patente de Capitán de Mar y Guerra de la fragata *Nuestra Señora de la Concepción y San José* fue expedida en México el 13 de octubre de 1694[38].

El prestigio de Alarcón iba en aumento, recibiendo alabanzas de diferentes estamentos del mando, como podía ser Andrés de Pez, capitán general de la Armada, que no dudó en recomendarlo por saber cumplir con su deber y exponer la vida en función de salvaguardar el honor y los dineros reales.

En tal sentido expuso el capitán de infantería Sancho Echeverría[39]:

ha obrado en todas las ocasiones con toda puntualidad balor y bizarria correspondiente a las obligaciones de su sangre i espezialmente el dia 23 que bajo nuestro cuerpo bolante de Banguardia a las puertas del Puerto debajo del tiro del enemigo donde nos mantuvimos hasta la noche obserbando sus mobimientos(...)portandose como baleroso soldado por lo que le juzgo digno de las onrras de Su Magestad y Dios.

---

38 AGI. Indiferente, 134, N.7.
39 AGI. Indiferente, 136, N.48.

Echeverría firmó esta recomendación el 2 de octubre de 1702, pues Alarcón aspiraba al puesto de Capitán de Mar y Guerra de la Armada que obtuvo y en el que permaneció por varios años hasta ser nombrado almirante[40].

El 2 de mayo de 1710 Diego de Alarcón y Ocaña recibió el nombramiento de almirante de la Real Armada de Barlovento, título que mantuvo hasta que se retiró del servicio activo[41].

Firma de Echeverría en el documento antes citado. 1702.
AGI. Indiferente, 2516, L.5.

Otros oficiales completaban el equipaje:

Juan Alberto de Irsola, Capitán de Mar y Guerra, que ya ocupaba *en interin* por sus extraordinarios méritos y estar vacante la plaza por la muerte de Diego de Castro. El Real Decreto fue emitido el 31 de mayo de 1711[42].

Juan Francisco de Buenvecino y Fuentes, natural de Veracruz ocupó plaza de proveedor. Al parecer el puesto se alternaba cada dos años, con un sueldo máximo de 500 ducados anuales.

---

40 AGI. Indiferente, 137, N.39.
41 AGI. Indiferente, 2516, L.5.
42 AGI. Indiferente, 2516, L.5.

Esta designación fue firmada el 21 de septiembre de 1711[43].

Otros cargos importantes se relacionan a continuación:

Capitán de Mar y Guerra de la almiranta: Juan Alberto de Irsola.

Piloto de la almiranta: Capitán Francisco Juan.

Contramaestre de la almiranta: Juan de Malta.

El convoy quedó formado por los siguientes barcos:

Almiranta: Fragata de 600 toneladas y 52 cañones *Santísima Trinidad y Nuestra Señora de Atocha.* Tripulación compuesta por 172 marineros y 84 soldados.

Fragata *Nuestra Señora de Begoña y las Animas.* Capitán Miguel Alfonso del Manzano.

Fragata *Nuestra Señora del Rosario.* Capitán Eugenio Martínez de Rivas

Fragata *Nuestra Señora de Regla y San Nicolás de Bari.* capitán Agustín Bravo Basurto.

Balandra *San Bernardo.* Capitán Francisco Pabón. Esta embarcación pudo salvarse del naufragio.

---

43 AGI. Indiferente, 2516, L.5.

El naufragio

Alarcón y los pilotos de la almiranta eran avezados marinos y buenos conocedores de la geografía insular cubana. Sin embargo, el cambio brusco de tiempo y maniobras no del todo acertadas, propiciaron el naufragio. Quizás las mejores fuentes para conocer lo sucedido sean los testimonios de los oficiales, marineros y personal en general a bordo de los infortunados barcos.

Pese a lo avanzado de la temporada de mal tiempo, el convoy no tuvo más remedio que partir, pues las ordenes del virrey así lo estipulaban. La *Santísima Trinidad* debía conducir a España los dineros del rey y particulares.

Zarparon el 29 de noviembre, con buen viento que se mantuvo en toda la trayectoria por el Golfo de México y luego sobre la región occidental de Cuba. No puedo precisar si Alarcón salió enfermo o las fiebres lo sorprendieron en el trayecto, pero lo cierto es que cuando se observaron los accidentes cartografiados que indicaban la proximidad del puerto habanero, el almirante estaba fuera de servicio y eran los pilotos y oficiales los gobernaban el barco y la singladura del pequeño convoy.

No era algo inusual, pero cuando saltó la alarma y se generó la confusión, Alarcón estaba en su camarote inhabilitado para tomar decisiones con la rapidez que ameritaban los acontecimientos.

Aunque las declaraciones coinciden en su mayor parte, he considerado interesante reproducirlas de acuerdo a la posición de los declarantes, cargo y nave en la que viajaban.

Declaración del almirante Diego de Alarcón y Ocaña[44]:

> habiendo salido de Veracruz el 29 de noviembre con la Almiranta de mi cargo, despachado del virRey Duque de Linares con medio millón para Vuestra Majestad, y en mi conserva el aviso de don Eugenio Martínez de Rivas que me servía de patache, y otras embarcaciones de este tráfico, naufragué en esta costa con un norte el día 15 de diciembre, y también el referido aviso y otras tres embarcaciones de las que me acompañaban.

Juan de Malta, contramaestre de la almiranta *Santísima Trinidad* culpó sólo al piloto Francisco Juan[45]:

> por las pocas velas que de su orden llevaba la nao, pues de haber navegado con todo el paño suelto hubieran salido más a barlovento...

A la sazón llevaba 50 años navegando por estos mares (¿Cuantos años tendría para entonces?), y estaba muy asombrado de que las corrientes fuesen a sotavento en lugar de a barlovento.

Hasta aquí todo apuntaba que fueron sorprendidos por vientos y corrientes absolutamente inusitados para esta época del año y zona geográfica.

---

44 AGI. Indiferente, 2723.
45 AGI. Indiferente, 2723.

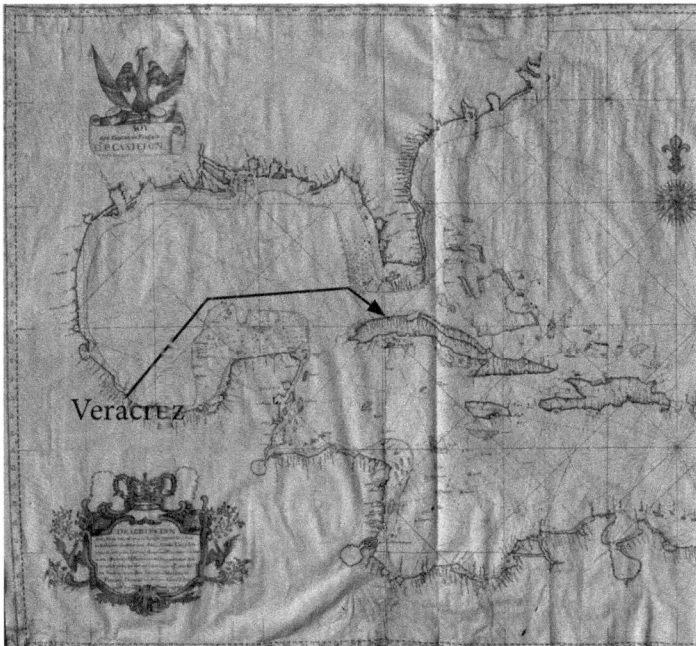

Ruta aproximada desde Veracruz hasta el occidente de
La Habana. 1755. BVD

Sin embargo, Jorge Malta, insistió en que el piloto Francisco Juan tuvo parte de responsabilidad en el abordaje, aduciendo para esto mal manejo del buque.

¿Tendría razón?

¿Pudo evitarse el desastre?

El 23 de diciembre de 1711 se procedió a comenzar la averiguación sobre el naufragio. Se tiene noticia de que Francisco Juan, piloto principal de la almiranta, estaba escondido, lo que lleva a sospechar de su actuación y se ordenó ponerlo prisionero.

Quizás ya anticipaba la que se le venía encima y era alguien con mucha responsabilidad y por lo tanto, relativamente fácil de culpar.

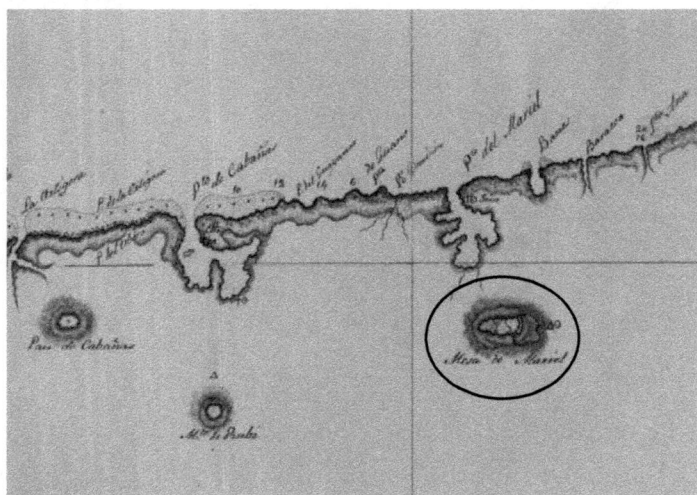

Detalle de un derrotero de la costa occidental de Cuba con la
Mesa de Mariel como elemento importante para la navegación.
BVD.

Declaración de Juan Marín, artillero, venía en la
fragata *Santísima Trinidad*[46]:

El día 15 reconocieron las Mesas del Marien, con
ténue viento se vinieron acercando, y estando
como a 5 leguas de tierra, a las 5 de la tarde, se
levantó una turbonada, y Francisco Juan, piloto
principal, mandó aferrar las gavias y pusieron la
proa casi al nornordeste [sic], y así se mantuvo
hasta la noche, que pasó la fogorada [sic] de viento
y marearon la vela mayor con su trinquete, siempre
la vuelta de fuera al lesnordeste [sic], y como a las
2 de la madrugada varó dicha nao en los arrecifes
de santa ana, 5 leguas a sotavento de este puerto,
y juntamente el navío Nuestra Señora del Rosario,
la fragata, Santísima Trinidad, la fragata de Miguel
Manzano y la balandra francesa de don Juan Pitt [...]

---

46 AGI. Indiferente, 2723.

el mucho viento y la mar que se levantó, ayudados de las aguas que corrían para sotavento, chuparon dicha nao y las demás hasta que vararon, cosa que al testigo le ha causado grande admiración, porque tiene hechos 5 viajes a este puerto, y en tiempo de nortes ha observado que el curso ordinario de las corrientes es para barlovento, y esto mismo cReyeron haber experimentado ahora, y se hallaron engañados porque reconocieron con su pérdida que corrían las aguas con violencia para sotavento [...]. Luego que amaneció dispuso el almirante que la gente se salvase poniendo andaribel y jangada [sic], que se hizo de un cuartel del navío, y al mismo tiempo despachó quien trajese la noticia.

Declaración de Miguel Alfonso del Manzano, dueño en parte y capitán de la fragata *Nuestra Señora de Begoña y las Animas*, y piloto de ella. El día 15 reconocieron las Mesas del Mariel, y[47]:

como a las 4 de la tarde vinieron perlongando [sic] la costa en distancia de 3 leguas ... con el tiempo claro por el sudueste, y como a las 5 de la tarde, intempestivamente se armó una turbonada por el norueste, y la dicha Almiranta, con las demás embarcaciones: "pusieron puños a la mura a salir para fuera la vuelta del nordeste, cuarta al leste [sic], cada uno de por sí, haciendo fuerza de vela con las velas que el tiempo le daba lugar, el cual fue siempre cargando y metiendo mar y viento, y duró por el norueste hasta las 7 de la noche, y luego se pasó e hizo mansión [sic] en el norte, donde se mantuvo; y pasadas las 4 ampolletas de la Salve hizo farol dicha Almiranta para que la siguiesen, y

---

47 AGI. Indiferente, 2723.

siguiendo todas las embarcaciones su derrota, que la llevaba al nordeste cuarta al leste, con cuya proa todos lo seguían muy bien ir zafos [sic] por correr la costa del leste al ueste [sic] y llevar tres cuartas de barlovento. Y como a las 2 de la madrugada, hallándose el testigo con su fragata por la popa y barlovento de dicha Almiranta, habiendo antes oído tres cañonazos que de ampolleta a ampolleta disparaba dicha Almiranta, que conoció el testigo era señal de pedir favor, hizo el testigo fuerza de vela por alcanzar dicha nao, botó arriba en busca de dicho farol, y habiendo llegado cerca dicha Almiranta, reconoció estaba perdida y viró en redondo por hallarse empeñado sobre los arrecifes, y mareando la gavia por hacer más diligencia de salir para fuera, le entró un golpe de mar tan grande que la gente largó los escotines de dicha gavia, y con este motivo la dicha su fragata fue para tierra anegada, varó y se acostó sobre los mismos arrecifes de Santa Ana, donde por salvar las vidas hizo picar los palos y se mantuvo en el casco hasta que fue de día, que echó la lancha al agua y en ella se escaparon todos..."(...)"...estaba la noche tan cerrada, que aún después de perdidos no veían la tierra ni se reconoció hasta que fue de día.

Declaración de Pedro de Castañeda, piloto principal de la fragata *Nuestra Señora del Rosario*, capitán Eugenio Martínez de Rivas[48]:

Reconocieron las Mesas del Mariel a las 3 de la tarde, corrieron la costa a 4 leguas de tierra, a las 5 y media se levantó turbonada por el noroeste. Pusieron la proa al norte.

---

48 AGI. Indiferente, 2723.

El mal tiempo duró aproximadamente dos horas, y después largaron papahígos, mayor y mesana:

para mantenerse más bien para barlovento, cuya derrota y navegación le parece a este testigo era muy segura ... en consideración a juzgarse por ella ir zafos por correr la costa del leste al ueste desde el puerto de Bahía Honda hasta el de Matanzas. Y como a las 2 de la madrugada, impensadamente se hallaron varados cerca de tierra y totalmente perdidos, 5 leguas a sotavento del puerto.

Otro derrotero que incluye la Mesa de Mariel, estructura topográfica importante para la navegación. BVD

Declaración del capitán Francisco Pabón, dueño y capitán de la balandra *San Bernardo* (no naufragó)[49]:

Salió con registro de Veracruz para España, con la almiranta.

Al comenzar la turbonada a las 5 de la tarde todas las embarcaciones ponen proa afuera, intentando alejarse de la costa, y así se mantuvieron hasta el anochecer:

---

49 AGI. Indiferente, 2723.

65

que pasó el viento, y marearon siempre la vuelta de fuera al lesnordeste [sic], de suerte que se consideraron ya rebasados, por haber desde la prima noche descubierto la punta del Castillo del Morro, que sobresale. Y estando en esta inteligencia, como a las 2 de la madrugada se halló el testigo con dicha su balandra sobre los arrecifes, en que se hizo perdido, de donde la misma reventazón del mar lo arrojó fuera de los bajos, de que salió por ser pequeña embarcación, por cuya razón, milagrosamente, se libró de naufragar. Y habiendo logrado la fortuna de salir para afuera, al día siguiente al amanecer reconoció perdidas en la costa, 5 leguas a sotavento del puerto, la dicha Almiranta.

Declaración del capitán Agustín Bravo Basurto, que vino en su fragata *Nuestra Señora de Regla y San Nicolás de Bari*, con registro para Maracaibo y escala en La Habana[50].

Naufragios en la costa. Adolf van der Laan. 1720-30.
Cortesía del Rijksmuseum.

---

50 AGI. Indiferente, 2723.

El día 9 le dio un norte y se apartó del convoy, y el 14, a las 8 de la noche, yendo en busca del puerto, dio con la almiranta, que le mandó siguiese su farol:

La fue siguiendo la vuelta del les uesnorueste [sic] hasta que fue de día, que aparejó a virar dicha Almiranta en busca de la tierra, la cual descubrieron a las 10 de la mañana, y que la Almiranta fue recalando en dicha tierra, y todos en su seguimiento, creyendo que el Mariel era el puerto de La Habana, y habiendo reconocido lo contrario, trató dicha Almiranta de salir para fuera, y todos en seguirle, y como a las 2 de la tarde del día 15 se armó una turbonada por el norte. El testigo, con su embarcación, cogió el barlovento de la Almiranta a distancia de 2 leguas, y se previno a esperar que reventase la turbonada calando sus masteleros [...] y lo mismo hicieron la Almiranta y las demás.

Espejo de popa de un barco. Obsérvense los tres fanales, importantes para mantener el rumbo durante las horas de la noche. 1699. AGI. MP-Ingenios,189.

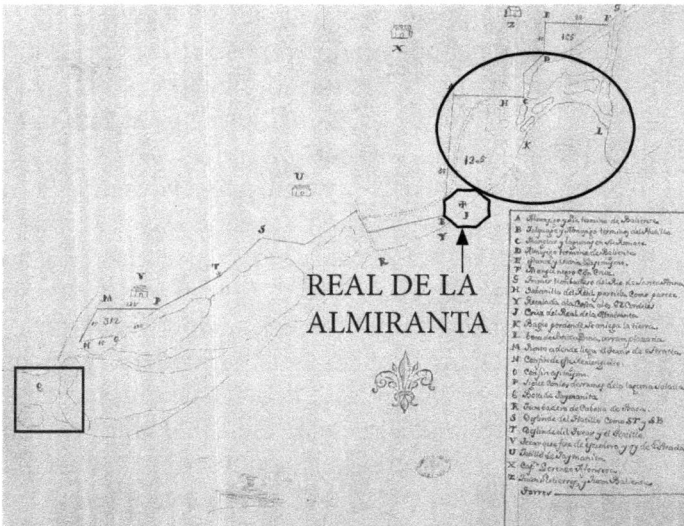

El rectángulo marca la desembocadura del río Jaimanitas mientras que la elipse sitúa el río y bajo de Santa Ana.
Entre ambos puntos se produjeron los naufragios de los barcos aquí estudiados. La letra **J** sitúa el Real de la Almiranta.
AGI. Santo Domingo, MP, 291.
Google Earth.

El temporal entró por el norte, pero Bravo Basurto se mantuvo observando lo que hacía la almiranta. Ésta encendió su farol al llegar la noche, y todos la siguieron la vuelta del este-nordeste. En reiteradas ocasiones pusieron la proa al nordeste franco.

El piloto le dijo que no sólo iban zafos de la tierra, incluso temía que las aguas les pusieran en trance de desembocar por el curso que éstas llevaban[51]:

Y yendo en conformidad, como a la 1 de la noche entró un grumete a toda prisa en la chopa donde venía la bitácora y se hallaba el testigo como capitán, y le dijo que se hallaban con un navío encima por la borda de sotavento, tan inmediato que se le vio el casco y velas. Y el testigo llamó a su piloto, que estaba en la hora de su sosiego, y le

Naufragios en costa rocosa. 1769. Johann Christoph Dietzsch. Cortesía de la Galería Nacional de Arte, Washington.

51 AGI. Indiferente, 2723.

dijo que diera orden de zafarse de aquel navío. El piloto dijo que no había otro remedio que meter de loo [sic] todo lo posible, y que el navío no dejaría de arribar, y que así se zafarían.

A las 2 de la madrugada les dio un golpe de mar, y luego otro los arrojó sobre unos peñascos donde, de la primera sentada, despidió el timón, y con él toda la carroza con la caña de dicho timón; y un tercer golpe de mar les dio y les puso los palos y vergas sobre las propias peñas, donde quedó acostada dicha embarcación, y por salvar las vidas hizo picar los palos.

Se mantuvo a bordo con toda su gente hasta que amaneció, y reconocieron haberse perdido en el paraje que llaman Cabeza de Vaca, 4 leguas al oeste de La Habana.

Este testimonio es de principios del mes de enero y da cuenta de que el dinero del rey está a salvo y que el de particulares casi por completo, si bien los trabajos de rescate continuaban.

Cuatro días más tarde, 9 de enero de 1712, en La Habana, los alcaldes ordinarios Pedro Benedit Horruytiner y Agustín de Arriola, le informaron al rey que[52]:

El topónimo Cabeza de vaca se mantiene en la actualidad.

52 AGI. Indiferente, 2723. Google Earth.

70

Naufragios sobre linea costera. 1555. Simon Novellanus.
Cortesía de la Galería Nacional de Arte, Washington.

Ahogáronse más de 60 hombres de la Almiranta, algunos o los más pasajeros que vinieron en la flota del cargo del general don Andrés de Arriola que está en la Veracruz, y otros muchos quedaron tan quebrantados del suceso y del peligro en que se vieron, que algunos han muerto en esta ciudad. Luego que se tuvo noticia, el mismo día, el castellano don Luis Chacón, gobernador de las Armas de esta Plaza, y nosotros, dimos las providencias de recurso y defensa que fueron necesarias. Pasó una compañía con su capitán y un oficial real, que se que éste se mantiene hasta el presente. Y, finalmente señor, queda asegurado el tesoro de Vuestra Magestad en el Castillo de la Fuerza Vieja de este Presidio, y todo lo que se ha podido, que será la mayor parte del caudal de los interesados, y juntamente el situado de este Presidio y el de Cuba, y se ha dado noticia a Nueva España.

Lo cierto es que Alarcón y sus principales oficiales actuaron con cierta diligencia, una vez se produjo el naufragio, aunque la cifra de muertes apunta a que todo pudo hacerse mejor. La *Santísima Trinidad* quedó fijada a la costa, aprovechando algunos árboles en forma de anclaje. Se improvisaron los andaribeles y fueron bajando los pasajeros y tripulación en medio de una tormenta, con oleaje, vientos y corrientes de resaca, recordemos que es un bajo de casi un kilómetro.

Como siempre sucedía ante un naufragio, el descontrol daba lugar a que personajes de escasos escrúpulos intentaran aprovecharse y el robo de los caudales, tanto personales como del rey, debía evitarse.

El dramatismo del un naufragio magistralmente plasmado por el pintor Claude-Joseph Vernet. En improvisado andaribel (quizás como el empleado en el naufragio de la almiranta) tratan de salvar sus vidas algunos tripulantes. El barco reclinado sobre las rocas será destrozado por la furia del viento y del mar. 1775. National Gallery. Washington DC.

El almirante, por su experiencia, estaba al tanto de este tipo de disturbios y los primeros hombres sorprendidos hurtando, fueron ajusticiados allí mismo, pues el Real era un punto de control con disciplina militar[53].

Se actuaba como si de un motín se tratase. El proceso de la justicia se acortaba y las autoridades de la Armada tenían la autorización del rey y virrey para castigar de forma ejemplar. En el caso que nos ocupa, y por muy duro que parezca esta afirmación, los intentos de robo no fueron a más y el salvamento se hizo de forma muy bien controlada. Alarcón actuó siguiendo las ordenanzas.

Aunque no tengamos una idea ajustada de la dimensión de una naufragio, imaginemos que se trata de una pequeña ciudad o pueblo. En unos pocos metros cuadrados centenares y quizás miles de objetos.

Los buzos trabajaban en el casco y la carga se transportaba a tierra para embarcarse posteriormente en las naves auxiliares e incluso no es descartable el *ondeo*, esto es, en altamar.

En el plano o croquis anterior vemos que el Real estaba muy cercano a la costa, garantizando de esta forma que el trasiego pudiera ser atentamente vigilado.

El camino por tierra estaba plagado de peligros, decidiendo las autoridades habaneras que se hiciera por mar, minimizando de esta forma el impacto de posibles ladrones. Miles de piezas eran susceptibles de robo y no me refiero a la carga más valiosa, como el oro y la plata.

Además ropas, joyas personales, armas, herramientas, tintes...un largo listado que, en medio de tan terrible momento, eran olvidados por sus dueños, pues se trataba de salvar la vida.

---

53 AGI. Escribanía, 1054 B.

El rescate

Alarcón sabía que si no actuaba de forma rápida y eficiente, su libertad, buen nombre y trayectoria, estarían en juego. No hubo un ataque, tampoco un huracán que justificara plenamente el naufragio. Ya había sido encauzado, como se ha visto, y absuelto, pero tenía experiencia personal en la forma en que el rey juzgaba a los que perdían su hacienda. En una de sus cartas al monarca es evidente que intenta explicar con todo lujo de detalles[1]:

> y luego que salí a tierra me puse a recaudar el tesoro de su majestad que logre y tengo puesto en el Castillo de la Fuerza de esta Ciudad, con la mayor parte del de particulares qe conducía, que dando en la solicitud de salvar todo lo que falta, hasta los últimos clavos y pertrechos del navío, y con el mayor sentimiento que puedo ponderar a vuestra señoría de no haber logrado la felicidad de llegar a salvamento, y tener la fortuna de conseguir este servicio a su majestad que con tanto desvelo a procurado mi le lealtad; y ahora con la ocasión de

---

1 AGI. Indiferente, 2723.

hallarse en este puerto una fragata ligera del asiento que se haya en litigio sobre de examinarla procure se hiciese junta en Casa del Gobernador de las armas Don Luis Chacón, con los ministros de esta ciudad, que con efecto se hizo en la que se presente lo mucho que convenía al servicio de su majestad se me entregare, dicha fragata para en ella seguir mi viaje; tripulada con mi gente, y costeándola con el caudal que traía para manutención de ella, y poder pasar con este tesoro, en tiempo que lo lograra su majestad con anticipación de la campana en que no han convenido dichos Ministros como sabrá vuestra señoría por el testimonio de dicha junta que remito a su majestad por mano de Don Joseph Grimaldo, no dando el tiempo lugar a sacar otro que acompañe esta, y de todo despache aviso al Virrey Duque de Linares, y quedo aguardando su resolución; todo lo cual pongo en noticia de vuestra señoría como también el haber entrado ayer en este puerto, una fragata de la Veracruz que pasa con lo situado de Puerto Rico y Santo Domingo, en la que me dicen quedar pregonada la flota, para Junio de este ano; y si resuelve el virrey, el que yo pase en esta fragata, con este caudal espero en Dios estar en breve mas cerca para recibir las ordenes de vuestra señoría que tendrá a bien en que mi pariente Don Antonio de Alarcón le moleste, con mis pretenciones, que le digo dirija por vuesttra señoría para que siendo mi morenas logre yo el buen éxito en ellas; nuestro señor guarde a vuestra señoría muchos anos como deceo y es menester.

En alguna medida esto explica que apartara los síntomas de la molesta enfermedad que lo aquejaba, pues las fiebres o tercianas eran muy limitantes, y se pusiera a la cabeza del Real.

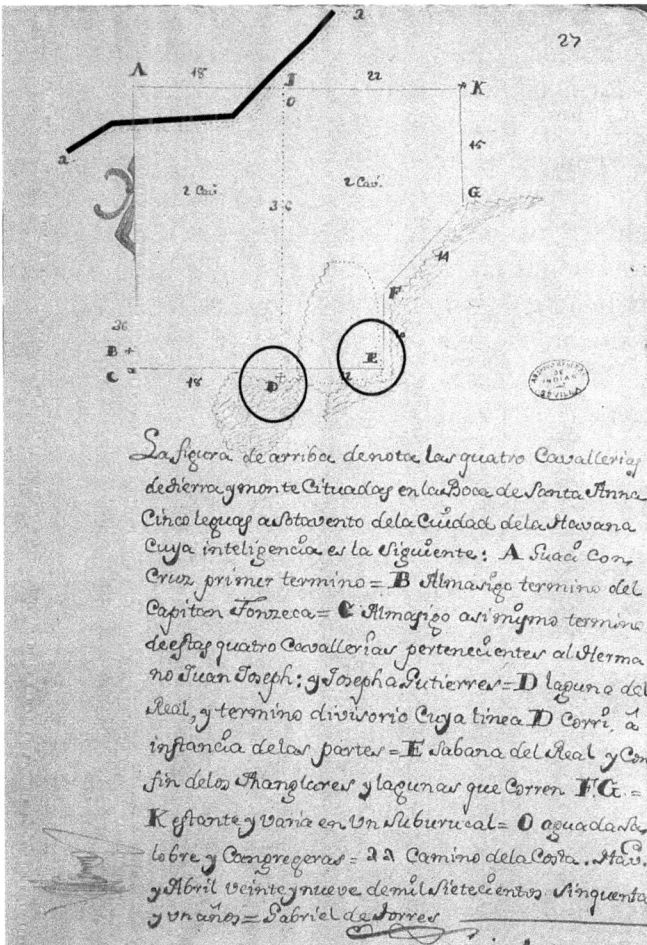

En este croquis de 1751 se conservan topónimos relacionados con el naufragio: con la letra **D** se hace referencia a la laguna del Real y cor. la **E** la sabana del Real. La línea costera (**a-a**) ha sido resaltada. AGI. Santo Domingo, MP, 281.

El movimiento se hizo por mar, utilizando embarcaciones menores escoltadas y fuertes medidas de seguridad en todo el trayecto costero, incluyendo el canal de acceso y alrededores de la Fuerza.

Las mercaderías fueron rescatadas por orden de importancia, recibiendo máxima prioridad las del rey.

La documentación que recoge el salvamento está organizada secuencialmente por *descargas*. El trabajo de los buzos era el de extraer la carga del casco, luego, bajo el atento escrutinio de los oficiales reales, se ponía en manos de los cargadores que la trasladaban a bordo de las embarcaciones hasta el puerto habanero. Finalmente, la carga era nuevamente controlada al ser desembarcada.

Las descargas comenzaron el 19 de diciembre. Veamos la secuencia documental[2]:

1ra DESCARGA.

-Angulo= Florencia= Roo=

-Ante mi Francisco Diaz Davila escribano mayor de la Real Hacienda.

En la ciudad de la Habana en 19 de diciembre de mil 1711 anos, estando en la playa y marina inmediata al Castillo de la Fuerza Vieja de este puerto el señor Don Mateo Luis de Florencia factor, veedor, juez oficial de la real Hacienda de esta dicha ciudad e isla de Cuba por su majestad. Se procedió a la descarga de la Balandra nombrada La Graciosa que ha entrado en este puerto del ... de la Almiranta de la Real Armada de Barlovento que nafrago en la Costa de Santa / cargo del alférez Manuel Prendes de Acevedo, ayudante de este presidio y por ante mi el escribano y testigos que irán declarados en diferentes barcadas que se hicieron en la cano de dicha balandra que este cerda de dicho Castillo. Se echo en tierra lo siguiente:

---

2 AGI, Indiferente, 2723.

78

-Primeramente 162 talegos cerrados que parecen ser de plata acuñada.

Yten 13 talegos grandes y pequeños con distintas marcas cerrados al parecer de plata acuñada que dicho ayudante dijo haber traído con separación y advertencia de ser pertenecientes al Padre Don Joaquín de Ortega Capellán Mayor de dicho Almiranta.

Con lo cual por no haber otra cosa en dicha balandra se feneció esta diligencia y en conformidad de lo mandado por el auto antecedente por medio de diferentes negros carretoneros que para el efecto fueron llamados a vista de las guardias que se pusieron desde la playa hasta la entrada de dicho Castillo se condujeron a el todos los talegos contenidos en esta descarga y fueron puestos y asegurados en el almacen debajo de dos llaves que la una quedo a cargo de su merced dicho señor factor y la otra que se remitió a Don Joseph de Toca pagador de

Talego de piel.
AHN. Tamaño 27,5 x10,5 CM
Inquisición, MPD.411.

dicha Almiranta de que doy fe y lo firmo dicho señor factor, siendo testigo el teniente Mateo de Barrios que lo es actual de dicho Castillo, Pedro de Medrano tenedor de bastimentos y Andrés del Monte presentes= Florencia= Ante mi Francisco Días Dávila escribano mayor de Real Hacienda.

2da DESCARGA.

-En la ciudad de La Habana en 20 de diciembre de este ano de 1711 estando en la playa y marina inmediata al Castillo de La Fuerza Vieja de esta plaza el señor Don Mateo Luis de Florencia factor, veedor, oficial de la Real Hacienda de esta isla con intervención y asistencia de Don Joseph de Toca pagador de la Almiranta de la Real Armada de Barlovento se procedió a la descarga de la lancha de Agustin Castellanos que esta arrimada a dicho Castillo y acaba de entrar en este puerto del casco de dicha Almiranta y por ante mi el escribano y testigos que irán declarados se echo en tierra lo siguiente.

-Primeramente en 3 barcadas que se hicieron en una cano se echaron en tierra, 155 talegos cerrados y con distintas marcas que parecieron ser de plata acuñada.

-Ytem en otra barcada se descargaron 45 talegos que el dicho pagador dice vienen con separación y advertencia de ser destinados para socorros de la gente de mar y guerra y oficiales de dicha Almiranta y demás costos y gastos que en su provicion se ofrecieron.

Con lo cual para no haberse traido otra cosa de plata en dicha lancha la que se ha descargado por medio de los negros carretoneros que para el efecto fueron llamados a vista de los infantes de guardia que se pusieron se llevaron y condujeron a dicho Castillo y habiéndose habierto pot su merced y dicho pagador el almacen con las llaves que tienen a su cargo se introdujeron y aseguraron en el todos los talegos contenidos en esta descarga y se volvió a cerrar en la misma forma que antes estaba de que doy fee

-Así mismo se desembarcaron de dicha lancha una caja grande y una que parece ser fresquera y dijeron ser pertenecientes a un difunto   nombrado Don

Santiago de Reina que se ahogo en el naufragio de dicha Almiranta las cuales cerradas como vienen se llevaron a la Real Contaduria hasta dar cuenta a cualquiera de los señores Gobernadores de lo político con que se concluyo la descarga de dicha lancha y lo firmaron siendo testigos el tenientes mateo de Barrios, Pedro de Medrano tenedor de bastimentos y Andrés del Monte presentes = Florencia= Don Joseph de Toca = Ante mi Francisco Díaz Dávila escribano mayor de Real Hacienda.

3ra DESCARGA.-

Al margen :Descarga de otra Lancha=

-En la ciudad de La Habana en 20 de diciembre de 1711 años, estando en el paraje mencionado en la antecedente, el Señor Don Mateo Luis de Florencia factor, veedor, oficial de la Real Hacienda de esta isla de Cuba por su majestad con intervención y asistencia de Don Joseph de Toca, pagador de la Almiranta de la Real Armada de Barlovento se procedió a la descarga de la lancha del Capitán Don Juan Nuñez de Castilla que a cargo del alférez Don Antonio Joseph de Ayala ha entrado en este puerto del Casco de dicha Almiranta y esta arrimada al Castillo de la Fuerza Vieja de esta plaza y por ante mi el escribano y testigos que irán declarados se echaron en tierra por una canoa 86 talegos cerrados los 14 al parecer dobles y los 72 restantes sencillos que parecen ser de a 1 000 pesos cada uno= Yten 2 cajones presentados que dicen ser de plata acuñada= con lo cual por no haber otra cosa en dicha lancha se feneció esta diligencia y por medio de los negros carretoneros que se llamaron estando tendida la guardia desde la playa a dicho Castillo, se llevaron a el dichos talegos y se pusieron y aseguraron en el almacén mencionado en la antecedente donde quedaron debajo de dos llaves como esta prevenido la una que tiene a su cargo dicho señor factor y la otra el dicho pagador de que doy fe y lo firmaron siendo testigos el teniente Mateo de Barrios, Pedro Medrano y Andrés del Monte presentes= Florencia= Don Joseph de Toca= Ante mi Francisco Días Dávila escribano Mayor de la Real Hacienda=

4ᵗᵃ DESCARGA.

Cuarta descarga de dicha lancha=

En la ciudad de La Habana en 20 de diciembre de 1711 anos estando en el paraje mencionado en la antecedente, el Señor Don Mateo Luis de Florencia factor, veedor, oficial de la Real Hacienda de esta isla con intervención y asistencia de Don Joseph de Toca pagador de la Almiranta de la Real Armada de Barlovento se procedió a la descarga de esta lancha de Juan de Abid que acaba de entrar en este puerto del casco de dicha Almiranta a cargo del alférez Don Joseph Antonio Monzayo ypor ante mi el escribano y testigos que irán declarados en dos barcadas que se hicieron en una cano se echaron en tierra 100 talegos cerrados que parecen ser de plata, acuñada los cuales por medio de los negros carretoneros que se llamaron estando tendida la guardia desde la playa al Castillo de la Fuerza Vieja, se llevaron a su almacen y habierto por su merced y dicho pagador se introdujeron en el dicho 100 talegos y lo volvieron a cerrar de que doy fe. Y lo firmaron siendo testigos el teniente Mateo de Barrios, Pedro de Medrano y Andrés del Monte= Florencia=Don Joseph de Toca= Ante mi Francisco Díaz Dávila escribano mayor de Real Hacienda.

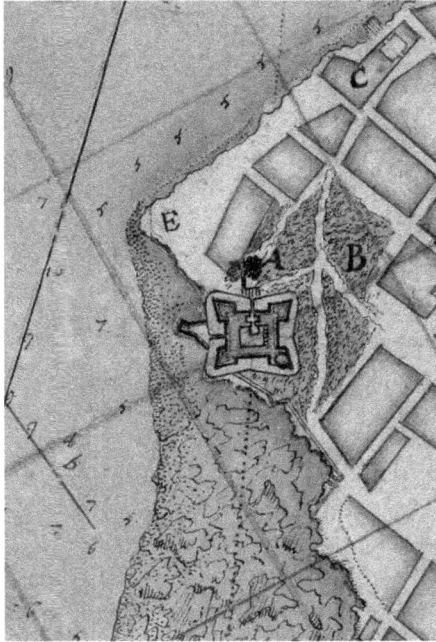

Dibujo en planta y perfil del castillo de la Real Fuerza.
En sus inmediaciones se hicieron las descargas. 1702. BNF.

83

5ᵗᵃ DESCARGA.

-Quinta Descarga en la balandra francesa.-

En la ciudad de La Habana en 20 de Diciembre de este ano de 1711, estando en la playa y marina inmediata de la Fuerza Vieja de esta plaza, el señor Don Mateo Luis de Florencia factor, veedor, Oficial de la Real Hacienda de esta isla con intervención y asistencia de Don Joseph de Toca, pagador de la Almiranta de la Real Armada de Barlovento, se procedió a la descarga de la Balandra francesa nombrada El Dragon Volante que ha entrado en este puerto del casco de dicha Almiranta a cargo del sargento Francisco Sánchez que lo es actual de la compañía de la Sargentia Mayor de este Presidio y por ante mi el escribano y testigos que irán declarados en diferentes varcada que se hicieron en la cano de dicha balandra que esta cercana a dicho Castillo.

Se echo en tierra lo siguiente:

-Primeramente 278 talegos con diferentes marcas que parecen ser de plata acuñada.

Yten doce cajones presentados con diferentes números y marcas de fuego que parecen ser de plata, con lo cual por no haber otra cosa en dicha balandra se feneció esta diligencia y todo lo descargado habiéndose tendido la guardia de la playa a dicho castillo por medio de los negros carretoneros que se llamaron se condujo a dicho castillo y habiéndose abierto el almacen por su merced y dicho pasador se introdujo y puso en el, y se volvió a cerrar como estaba y lo firmaron siendo testigos el teniente Mateo de Barrios, Pedro de Medrano y Andrés del Monte presentes= Florencia= Don Joseph de Toca= Ante mi Francisco Días Dávila escribano mayor de Real Hacienda.

6ᵗᵉ DESCARGA.-

Sexta Descarga de una piragua.

-En la ciudad de La Habana en 20 de diciembre de 1711 anos, estando en el Muelle de la Real Contaduria el señor Don Gabriel de Peñalver Angulo tesorero oficial de la Real Hacienda de esta isla se procedió a la descarga de la piragua de Gerónimo de los Santos que acaba de entrar del casco de la Almiranta de la Armada Real de Barlovento y por ante mi el escribano y testigos que irán declarados se echo en tierra lo siguientes._

-Primeramente 6 zurrones mojados que parecen ser de grana y tinta añil.

Yten 12 cajones medianos también mojados.

Yten algunas cajas que abiertas con las llaves que exhibieron las personas que dicen ser sus dueños se abrieron y hallaron componerse de ropa de vestir también mojada por cuya razón de orden de su merced se entregaron a dichos sus dueños.

Con lo cual por no haber traido otra cosa dicha piragua se feneció esta diligencia y lo contenido en las dos primeras partidas por medio de negros carretoneros que para el efecto se llamaron se condujo a una bodega o almacen que se previno accesorio a las casas de Dona Teresa Calvo de la Puerta donde quedo asegurado y en poder de su merced la llave de dicho almacen y lo firmo siendo testigos Juan Alegre, Juan de Bustos y Andrés del Monte presentes= Angulo = Ante mi Francisco Días Dávila escribano mayor de Real Hacienda._

7ma DESCARGA.-

Septima Descarga de dicha lancha.

En la ciudad de La Habana en 21 de diciembre de este ano de 1711, estando en el muelle de la Real Contaduria el Señor Don Gabriel de Penalver Angulo tesorero oficial de la Real Hacienda de esta isla se procedió a la descarga de la lancha que trae a su cargo el alférez Diego García de Vitoria perteneciente a Andrés Hernández y acaba de entrar en este puerto del casco de la Almiranta de la Real Armada de Barlovento y por ante mi el escribano y testigos que irán declarados se echo en tierra lo siguiente.

-Primeramente 11 tercios que parecen ser de grana mojados.

Yten un plancha de cobre.

Yten se pusieron en dicho muelle algunas cajas

Embarcación auxiliar tipo lancha. Similares fueron utilizadas para el trasiego de las mercancías. 1775.
AGS. Secretaría de Marina, 00359

grandes y pequeñas que abiertas por sus dueños se reconocieron ser de ropa de verter mojada por cuya razón de orden de su merced se entregaron a cada uno las que les pertenecía.

Con lo cual por no haber traído otra cosa dicha lancha se feneció esta diligencia y lo contenido en las dos primeras partidas por medio de los negros carretoneros se llevo a la bodega prevenida donde quedo y la llave a cargo de su merced y lo firmo siendo testigo Juan Alegre, Juan de Busto y Andrés del Monte presentes= Angulo= Ante mi Francisco Díaz Dávila escribano mayor de Real Hacienda._

8ª DESCARGA.

Octava Descarga de la balandra.

En la ciudad de La Habana en 22 de diciembre de este ano de 1711, estando en la palaya y marina inmediata al Castillo de la Fuerza Vieja de esta plaza el Señor Don Mateo Luis de Florencia factor, veedor oficial de la Real Hacienda de esta isla con intervención y asistencia de Don Joseph de Toca pagador de la Almiranta de la Real Armada de Barolovento se procedió a la descarga de la balandra francesa, nombrada la Graciosa que acaba de entrar en este puerto del casco de dicha Almiranta a cargo del ayudante Manuel Méndez de Acevedo y por ante mi el escribano y testigos que irán declarados en diferentes barcadas que en una canoa se hicieron desde abordo a tierra se echo lo siguiente.

-Primeramente 85 avos cocidos que parecen ser de plata acuñada.

-Yten 339 talegos cerrados que parecen ser de plata acuñada.

-Y ten 8 cajones precintados con diferentes números y marcas algunas y otros que tienen confusas sus marcas.

Y ten 2 barras de plata la una pequeña: y una plancha de lo mismo con lo cual por no haber traido dicha balandra otras piezas de plata en pasta y acuñada se suspendió esta diligencia, y todo lo descargado por medio de los negros carretoneros estando tendida la guardia desde la playa a dicho Castillo se condujo a su almacen que abierto por su merced y dicho pagador se introdujo en el con lo demás asegurado y se volvió a cerrar de que doy fe y lo firmo siendo testigos el teniente Mateo de Barrios, Pedro de Medrano y Andrés del Monte presentes= Florencia=Joseph de Toca= Ante mi Francisco Díaz Dávila escribano mayor de Real Hacienda.=

-Prosigue la descarga de otra balandra.

Luego incontinente, estando presente el señor Don Gabriel de Peñalver Angulo, tesorero oficial de la Real Hacienda de esta isla se prosiguió en la descarga de la balandra mencionada en la antecedente y por ante mi el escribano y testigos en la canoa de dicha balandra se trajeron a tierra.-

-Primeramente una caja de cedro cerrada con su cerradura y un barrica también cerrada por todas partes en que dicen contenerse diferentes piezas de plata labrada.

Y ten 3 sacas que dijeron componerse de talegos vacios que se hallaron rotos y la plata de ellos se introdujo en havas los cuales se remiten en esta forma para que en todo tiempo se reconozcan sus números y marcas.

Y ten 3 tercios que parecen ser de grana.

Y ten un cajo de papeles mojados con lo cual por

no haber otra cosa en dicha balandra se feneció su descarga y todo lo contenido en esta por medio de los negros carretoneros se llevaron los tercios a la bodega prevenida y lo demás a la Real Contaduria donde quedo asegurado a cargo de su merced y lo firmo siendo testigos Juan Alegre de Santiago, Juan de Bustos y Juan Rizo presentes= Angulo= Ante mi Francisco Días Dávila escribano mayor de Real Hacienda.

9na DESCARGA.-

En la ciudad de la Habana en 25 de diciembre de 1711 anos estando en la playa y marina inmediata al Castillo de la Fuerza Vieja el señor don Mateo Luis de Florencia factor, veedor, oficial de la Real Hacienda de esta isla con intervención y asistencia de Don Joseph de Toca pagador de la Almiranta de la Real Armada de Barlovento se procedió a la descarga de la lancha de Agustin Castellanos que acaba de entrar en este puerto a cargo del capitán Don Francisco Arias y por ante mi el escribano y testigos que irán declarados en una canoa que hizo tres viajes se echaron en tierra las partidas siguientes.

Primeramente 134 talegos cerrados que parecen ser de plata acuñada.

Yten 28 havas y 4 tenates que así mismo vienen cerrados y cocidas y al parecer con plata acuñada.

Con lo cual por no haber mas plata en dicha lancha se suspendió su descarga y todo lo contenido en ella estando puesta una guardia de soldados desde la playa al castillo por medio de los negros carretoneros que para el efecto se llamaron se condujo al almacén de dicho castillo que habiendo por su merced que dicho pagador se introdujo en el dicha plata y se volvió a cerrar como antes estaba y lo firmaron de que doy fe, siendo testigos el teniente Mateo de Barrios que lo es de dicho Castillo, Pedro de Medrano tenedor de Bastimentos y Andrés del Monte presentes= Florencia = Joseph de Toca = Ante mi Francisco Días Avila escribano mayor de Real Hacienda.

Prosigue la descarga de dicha lancha.

Luego incontineti la lancha mencionada en la antecedente paso al muelle de la Real Contaduria y estando atracada a el con asistencia del señor Don Gabriel de Peñalver Angulo tesorero oficial de la Real Hacienda de esta isla se prosiguió en su descarga y por ante mi el escribano y testigos que irán declarados se echo en tierra lo siguiente.

Primeramente 15 zurrones que parecen ser de gr Ana y estar mojados.

Yten 4 cajones medianos también mojados.

Yten 3 costalillos que se conocieron ser de Vainillas mojadas.

Con lo cual por no haber otra cosa en dicha lancha se feneció su descarga y todo lo expresado en ella por medio de los negros carretoneros se condujo a la bodega destinada para este efecto donde quedo a cargo de su merced y lo firmo siendo testigos Juan Rizo, Juan Alegre y Juan de Bustos presentes= Angulo= Ante mi Pedro Fernández de Velazco escribano real.

10ma DESCARGA.-

-Decima descarga de otra lancha.-

En la ciudad de La habana en 25 de diciembre de 1711, estando en el portal y muelle de la Real

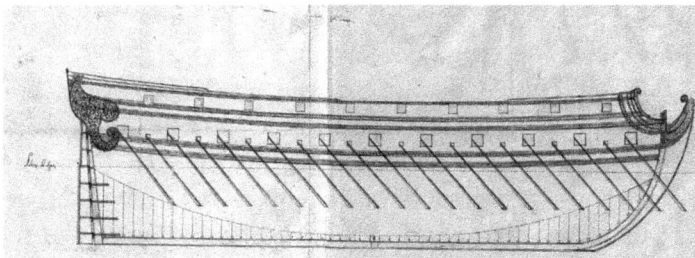

Embarcación auxiliar tipo lancha. 1779.
AHN. Estado, MPD. 262.

Contaduria el señor Don Gabriel de Peñalver Angulo tesorero oficial de la Real Hacienda de esta isla se procedió a la descarga de la lancha de Andrés Hernández que acaba de entrar en este puerto del casco de la Almiranta perdida a cargo del Alferez Diego García Vilorio, y por ante mi el escribano y testigos que irán declarados se echo en tierra lo siguiente.

Primeramente 35 zurrones y tercio al parecer de grana y tinta de añil que por estar muy mojados no se distinguen.

Yten 4 tercios forrados en crudo.

Yten 2 tercios que parecen ser de cacao.

Yten un tercio con cubierta de petate que no se advierte de lo que es.

Yten un tercio que parece ser de purga de jalapa.

Con lo cual por no haber otra cosa en dicha lancha se feneció su descarga y todo lo en ella contenido por medio de los negros carretoneros se condujo a la bodega prevenida donde quedo a cargo de su merced siendo testigos Juan Alegre, Juan Rizo y Juan de Bsutos presentes= Angulo= Ante mi Pedro Fernández de Velazco escribano real.

11ª DESCARGA.

Oncena descarga de otra lancha.

En la ciudad de La Habana en 27 de diciembre de 1711 estando en el portal y muelle de la Real Contaduria el señor Don Gabriel de Peñalver Angulo tesorero oficial de la Real Hacienda de esta isla se procedió a la descarga de la lancha de Andrés Hernández que trae a su cargo el alférez Diego García de Abiloria que acaba de entrar en este puerto del casco de la Almiranta perdida y por ante mi el escribano y testigos que irán declarados se echo en tierra lo siguiente.

Primeramente 6 zurrones que parecen ser de grana mojados los cuales se condujeron por medio de los negros carretoneros a la bodega prevenida donde quedaron a cargo de su merced.

Yten se descargaron de dicha lancha algunas cajas que abiertas se reconocieron ser de ropa blanca y de vestuario mojada por cuya razón de orden de su merced se entregaron incontinenti a los que se dijeron tercios de miniestras y otras cosas comestibles que dijeron ser del Rancho del Señor Almirante Don Diego de Alarcón, por cuya razón de orden de su merced se entregaron, y los llevo un criado de dicho señor Almirante.

Con lo cual de orden de su merced por no haber otra cosa en dicha lancha visitada se desatraco de dicho muelle y lo firmo siendo testigos Juan Rizo, Juan Alegre de Santiago y Juan de Bustos presentes= Ante mi Pedro Fernández de Velazco escribano real.

En la manera siguiente

Primeramente 76 tercios y zurrones, los 14 de tinta de añil y los restantes de grana.

Ítem 10 cajoncillos cabeceados.

Ítem 2 tercios de cacao.

Ítem 4 tercios con cubierta de crudo que parecieron ser de cebadilla.

Ítem un tercio que dice ser de purga de jalapa.

Ítem un tercio con cubierta de petate que dicen ser de cebadilla.

Ítem un cajón de papeles.

Ítem tres sacos abiertos que se reconocen ser de vainillas.

Ítem una plancha de cobre.

Con lo cual por no haber otra cosa en dicha bodega se feneció esta diligencia y los dichos Don Manuel de Verganza y Don Francisco Ciprian se hicieron cargo y dieron por entregados de todo lo expresado en este instrumento de que doy fe, por haberles hecho su entrega en mi presencia y de dichos testigos Juan Alegre de Santiago y Andrés del Monte presentes= Angulo= Manuel de Verganza= Francisco Brian= Ante mi Pedro Fernández de Velazco escribano Real.

12da DESCARGA.

Decimo segunda Descarga de otra Lancha.

-En la Ciudad de La Habana en 28 de diciembre de 1711 anos estando en la playa y marina inmediata al Castillo de la Fuerza Vieja el Señor Don Mateo Luis de Florencia factor veedor oficial de la Real Hacienda de esta isla con intervención y asistencia de Don Joseph de Toca pagador de la almiranta de la Real Armada de Barlovento se procedió a la descarga de la Lancha de Agustín Castellanos que acaba de entrar en este puerto a cargo del Capitán Don Francisco Arias, y en un bote que para el efecto se previno se trajo a tierra lo siguiente:

-Primeramente 22 havas cocidas que dijeron de plata acuñada.

Ítem 20 talegos cerrados que parecen ser de dicha plata.

Ítem 6 cajones precintados con diferentes números, los 4 y los otros 3 sin ellos.

Lo cual parecen así mismo ser de plata con lo cual por no haber traído en dicha lancha otras piezas de plata se suspendió la descarga de ella y todo lo expresado por medio de los negros carretoneros a vista de la guardia que se planto desde la playa al castillo se condujo a su almacén que abierto por su merced y dicho pagador se introdujo en el que se volvió a cerrar como antes estaba y lo firmaron de que doy fe, siendo testigos el teniente Matheo de Barrios, Pedro de Medrano tenedor de bastimentos y Andrés del Monte presentes= Florencia= Joseph de Toca= Ante mi Francisco Días Dávila escribano mayor de Real Hacienda.

_Prosigue la descarga de dicha lancha:

Luego incontinente estando presente el señor Don Gabriel de Peñalver Angulo tesorero oficial de la Real Hacienda de esta isla se prosiguió en la descarga de la lancha mencionada en la antecedente y por ante mi el escribano y testigos se echo en tierra lo siguiente:

-Primeramente 21 cajoncillos de distintos tamaños que dijeron ser encomiendas y regalo que venían en dicha Almiranta lo mas de ellos mojados.-

Ítem 6 terciecillos mojados.

Ítem 25 zurrones algunos medianos y abiertos y muy mojados que no se distinguen los que son de grana de los de tinta de añil.

Con lo cual por no haber traído otra cosa dicha

lancha se feneció su descarga y todo lo en ella expresado en conformidad de lo acordado se entrego a Don Manuel de Verganza que esta presente y el susodicho lo recibió y llevo a su poder para beneficiarlo y enjuagarlo y lo firmo con su merced siendo testigos Juan Rizo, Juan Alegre de Santiago y Juan de Busto presentes= Angulo= Manuel de Verganza= ante mi Pedro de Velazco escribano Real.

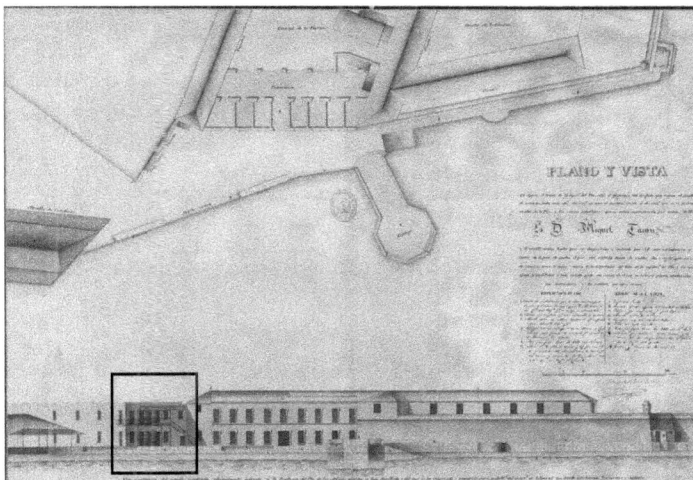

Entorno de Capitanía del Puerto y castillo de la Real Fuerza. Se necesitaban espacios para tratar las mercancías en un ambiente controlado y de seguridad.

Detalle del edificio de Capitanía. Felix Lemaur. 1837. BVD.

13ra DESCARGA.
-Decimo tercera descarga de otra lancha.
En la Ciudad de la Habana en 1 de enero de
este ano de 1712 estando en la playa y marina
inmediata al Castillo de la fuerza Vieja de esta
plaza el Señor Don Matheo Luis de Florencia
factor, veedor oficial de la Real Hacienda de esta
isla con intervención y asistencia de Don Joseph de
Toca pagador de la Almiranta de la Real Armada de
Barlovento se procedió a la descarga de la lancha de
Agustín Castellanos que trae a su cargo el capitán
Don Francisco Arias y por ante mi el escribano y
testigos que irán declarados, en una canoa se trajo
a tierra lo siguiente:
Primeramente 82 havas cocidas que dicen ser de
plata acuñada.
Ítem 22 talegos cerrados que parecen ser de dicha
plata.
Ítem un cajón precintado numero 14 con la marca
confuza que dicen ser de plata.
Con lo cual por no haber traído dicha lancha otras
piezas de plata se suspendió su descarga y todo
lo expresado en esta por medio de los negros
carretoneros puesta la guardia desde la playa a
dicho castillo se llevo a su almacén que abierto por
su merced y dicho pagador se introdujo en el que
se volvió a cerrar como antes estaba y lo firmaron
de que doy fe, siendo testigos el teniente Matheo
de Barrios, Pedro de Medrano, y Andrés del Monte
presentes= Florencia= Joseph de Toca= Ante mi
Francisco Díaz Dávila escribano mayor de Real
Hacienda.
-Luego incontinente con asistencia del Señor Don
Gabriel de Peñalver Angulo tesorero oficial de la

Real Hacienda de esta Isla se prosiguió a la descarga de la lancha mencionada en la antecedente y por ante mi el escribano y testigos que irán declarados se echo en tierra lo siguiente:

Primeramente 38 zurrones muy mojados y algunos abiertos que parecen ser de grana y tinta de añil.

Con lo cual por no haber otra cosa en dicha lancha se feneció su descarga y en conformidad de lo determinado se entregaron incontinente a Don Manuel de Verganza que este presente los dichos zurrones y el susodicho lo recibió y llevo a su poder de que doy fe, y lo firmo con su merced siendo testigos Juan Rizo, Juan Alegre de Santiago y Juan de Bustos presentes = Angulo=Manuel de Verganza= ante mi Pedro Fernández de Velzco escribano Real.

14ta DESCARGA.

-Decimocuarta descarga de otra lancha.

En la Ciudad de La Habana en 1 de enero de 1712, estando en el portal y muelle de la Real Contaduria el Señor Don Gabriel de Peñalver Angulo tesorero oficial de la Real Hacienda de esta irla se procedió a la descarga de la lancha de Vicente García que acaba de entrar en este puerto del Casco de la Almiranta de la Real Armada de Barlovento y por ante mi el escribano y testigos que irán declarados, se echo en tierra lo siguiente:

_Primeramente cuarenta y nueve zurrones mojados y algunos de ellos maltratados que parecen ser de grana y tinta de añil.

_ Ítem 5 velas, 2 grandes y las 3 pequeñas.

Con lo cual por no haber traído otra cosa dicha lancha se feneció su descarga, y estando presente

Don Manuel de Verganza en conformidad de lo determinado se hizo cargo de dichos zurrones y represento que para tender y enjuagar dicha grana necesitaba de dichas velas, en cuyo respecto mando su merced de le entregasen y habiéndolas recibido el susodicho se obligo a devolverlas y dar cuenta de ellas siempre que se le p ida y mande y lo firmo con su merced, siendo testigos Juan Rizo, Juan Alegre de Santiago y Juan de Bustos presentes= Angulo= Manuel de Verganza = Ante mi Pedro Fernández de Velazco escribano Real.

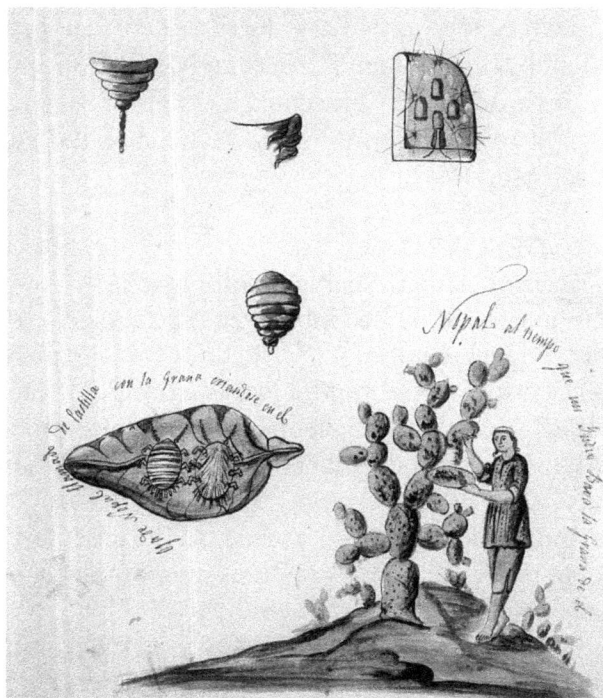

Recolector de la cochinilla.
La grana o cochinilla fue un pigmento muy utilizado en Europa durante siglos. AGI. MP-México, 515.

15ta DESCARGA.-

-Decimoquinta descarga de otra lancha.

En la Ciudad de La Habana en 1 de enero de 1712, estando en el Portal y Muelle de la Real Contaduria el Señor Don Gabriel de Peñalver Angulo tesorero oficial de la Real Hacienda de esta isla se procedió a la descarga de la lancha de Andrés Hernández que acaba de entrar en este puerto del casco de la Almiranta perdida a cargo del alférez Diego García de Victoria y por ante mi el escribano y testigos que irán declarados, se echaron en tierra 42 zurrones mojados que parecen ser de grana y tinta de añil y estando presente Don Manuel de Verganza en conformidad de lo determinado se hizo cargo y dio por entregado de ellos y los hizo llevar de que doy fe, con que por no haber traído otra cosa dicha lancha quedo concluida su descarga y lo firmaron siendo testigos Juan Rizo, Juan alegre de Santiago y Juan de Bustos presentes= Angulo= Manuel de Verganza= Ante mi Pedro Fernández de Velazco escribano Real.

16ta DESCARGA.

-Decimosexta descarga de una lacha.

En la Ciudad de La Habana en 1 de enero de 1712, estando en el Portal y Muelle de la Real Contaduria el Señor Don Gabriel de Peñalver Angulo tesorero oficial de la Real Hacienda de esta dicha ciudad e Isla, llego a el una canoa de Francisco de Ortega que acaba de entrar del casco de la Almiranta perdida y en ella trajo 3 zurrones mojados que parecen ser de grana de los cuales se hizo cargo y dio por entregado Don Manuel de Verganza que esta presente de que doy fe.

Así mismo trajo algunas cajillas que averías se reconocieron ser de ropa de verter mojada y no otra cosa por cuya razón se entregaron a sus dueños que quedo concluida esta diligencia y si merced lo firmo con dicho Don Manuel de Verganza. Siendo testigos Juan Rizo, Juan Alegre de Santiago y Juan de Busto presentes= Angulo= Manuel de Verganza= Ante mi Pedro Fernández de Velazco escribano Real.

17ma DESCARGA.-
Decimoséptima descarga de otra lancha.

En la Ciudad de La Habana en 2 de enero de este ano de 1712 estando en el Muelle y portal de la Real Contaduria el Señor Don Gabriel De Peñalver Angulo tesorero oficial de la Real Hacienda de esta dicha ciudad e Isla de Cuba por su Majestad se procedió a la descarga de la lancha de Don Juan Núñez de Castilla que acaba de entrar en este puerto del casco de la Almiranta perdida y por ante mi el escribano y testigos, se echaron en tierra 77 zurrones de gran y tinta añil mojados y algunos rotos y maltratados y estando presente Don Manuel de Verganza en conformidad de lo determinado se le entregaron y el susodicho los recibió y se hizo cargo de ellos para su beneficio de que doy fe y lo firmaron siendo testigos Juan Rizo, Juan Alegre de Santiago y Juan de Bustos presentes= Angulo= Manuel de Verganza- ante mi Pedro Fernández de Velazco escribano Real.

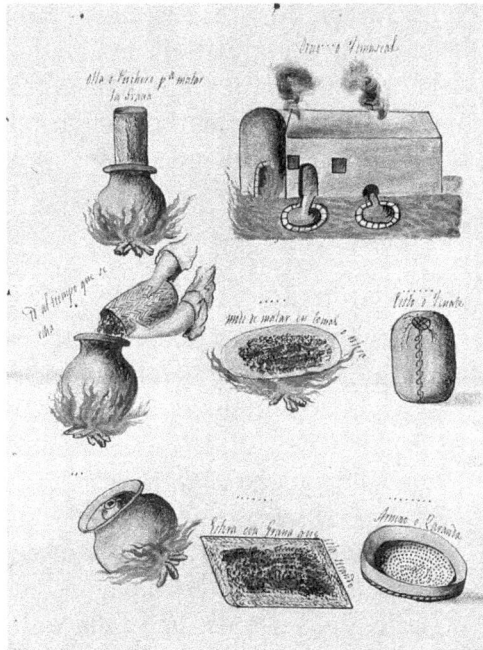

Proceso de transformación de la cochinilla en grana o colorante. AGL MP-México, 515.

18ᵛᵃ DESCARGA.-

Decimoctava descarga otra lancha.

En la Ciudad de La Habana en 4 de enero de 1712, estando en el Portal y Muelle de la Real Contaduria el Señor Don Gabriel de Peñalver Angulo tesorero oficial de la Real Hacienda de esta Isla se procedió a la descarga de la lancha de Andrés Hernández que acaba de entrar en este puerto del casco de la Almiranta perdida a cargo del alférez Diego García de Victoria, y por ante mi el escribano y testigos que irán declarados, se echaron en tierra 50 zurrones muy mojados que parecen ser de gran y tinta de añil, y así mismo otros 9 medianos hechos pedazos y desechos, en cuya conformidad estando presente Don Manuel de Verganza según lo determinado se le entregaron, y el susodicho los recibió y se hizo cargo de ellos para su beneficio, con que por no haber traído otra cosa dicha lancha se feneció esta descarga y lo firmaron siendo testigos Juan Rizo, Juan Alegre y Juan de Bustos presentes= Angulo= Manuel de Verganza= Ante mi Pedro Fernández de Velazco escribano real.

19na DESCARGA.-

-Decimonovena descarga de la Galeota.

En la Ciudad de La Habana en 9 de enero de 1712 estando en la playa y marina inmediata al Castillo de la fuerza Vieja de esta plaza, el señor Don Matheo Luis de Florencia factor, veedor oficial de la Real Hacienda de esta Isla con intervención y asistencia de mi el infra escrito escribano y sin la de Don Joseph de Toca pagador de la Almiranta de Barlovento que se dice estar enfermo se procedió a la descarga de la Galeota de esta dicha ciudad

Galeota estilo holandés. Rafael Monleo. 1871. BNE.

que trae a su cargo el ayudante Manuel Méndez de Acevedo y en una canoa que se previno se echaron de ella a tierra 108 havas casidas y 17 talegos cerrados que parecen ser de plata acuñada que ha traído a su cuidado el capitán Don Francisco Arias, y estando puesta la guardia de la playa al Castillo por medio de los negros carretoneros se condujeron dichas havas y talegos con al almacén que abierto por su merced con la llave que tiene en su poder y la que le remitió dicho pagador se introdujeron en el y se volvió a cerrar= así mismo se desembarco de dicha Galeota un barril cerrado en que dicen se contienen diferentes piezas de plata labrada el cual se llevo a la Real Contaduria donde se puso y quedo a cargo de los Señores Oficiales Reales con que por no haber traído otra cosa dicha Galeota se feneció esta descarga y lo firmaron siendo testigos Juan Riso, Juan Alegre de Santiago y Juan de Busto presentes= Florencia= Joseph de Toca= Ante mi Francisco Díaz Dávila escribano mayor de Real Hacienda.

20ma DESCARGA.
En la ciudad de La Habana en 16 de enero de 1712 estando en la playa y marina inmediata al Castillo de la Fuerza Vieja de esta plaza el Señor Don Matheo Luis de Florencia factor, veedor de la Real Hacienda de esta dicha Ciudad e Isla de Cuba por su majestad se procedió a la descarga de la lancha de la Almiranta de la Real Armada de Barlovento que acaba de entrar en este puerto del casco de dicha nao, a cargo de Don Joseph Antonio de Moncayo y con intervención y asistencia de Don Joseph de Toca pagador por ante mi el escribano

y testigos que irán declarados se echaron en tierra 79 havas cosidas que parecen ser de plata acuñada, los cuales por medio de los negros carretoneros que se hallaron, estando puesta la guardia desde la paya al Castillo se llevaron a su almacén y abierto por su merced y dicho pagador se introdujeron en el y se volvió a cerrar como antes estaba, así mismo se desembarco de dicha lancha una barrica cerrada en que se incluyen diferentes piezas de plata labrada que se ha buceado la cual se llevo a la Real Contaduria donde quedo a cargo de los Señores Oficiales Reales y lo firmaron siendo testigos Matheo de Barrios,, Pedro de Medrano y Andrés del Monte presentes= Florencia= Joseph de T oca = Ante mi Francisco Díaz Dávila escribano Mayor de Real Hacienda.

21ra DESCARGA.
En la ciudad de la Habana en 16 de enero de 1712, estando en Portal y Muelle de la Real Contaduria el señor Don Gabriel de Peñalver Angulo tesorero oficial de la Real Hacienda de esta dicha ciudad e Isla por su Majestad se procedió a la descarga de la lancha de Agustín Castellanos que acaba de entrar en este puerto del casco de la Almiranta perdida y por ante mi el escribano y testigos se echaron en tierra 36 zurrones de grana y tinta de añil muy mojado y algunos rotos los cuales según lo determinado se entregaron a Don Manuel de Verganza que esta presente y el susodicho los recibió para su beneficio y se hizo cargo de ellos, y por no haber traído otra cosa dicha lancha se feneció esta descarga, y lo firmaron, siendo testigos Juan Riso, Juan Alegre de Santiago y Juan de Bustos presentes= Angulo=

Manuel de Verganza- Ante mi Pedro Fernández de Velazco escribano Real.

22ᵈᵃ DESCARGA.-

En la Ciudad de la Habana en 21 de enero de 1712, estando en la playa y marina inmediato al Castillo de la Fuerza Vieja el señor Don Matheo Luis de Florencia factor oficial de la Real Hacienda de esta dicha ciudad con intervención y asistencia de Don Joseph de Toca pagador de la Almiranta de la Real Armada de Barlovento se descargaron de la lancha de dicha Almiranta que acaba de entrar en este puerto del casco de ella a cargo de Don Francisco Arias 7 havas cosidas que dicen ser de plata acuñada las cuales se llevaron en una carretilla al almacén de dicho castillo abierto por su Merced y dicho pagador se introdujeron en el y se volvió a cerrar y por no haber traído otra cosa dicha lancha se feneció esta diligencia y lo firmaron siendo testigos Juan Alegre, Matheo de Barrios teniente del dicho Castillo y Andrés de Monte presentes= Florencia = Joseph de Toca= Ante mi Francisco Días Davila escribano mayor de Real Hacienda.

Hasta aquí el relato documental sobre las descargas de las mercancías. Como puede inferirse, la actividad alrededor del naufragio fue muy intensa, movilizándose importantes recursos que garantizaron la recuperación de la preciada carga.

Una vez en la Fuerza la mayoría de las partidas eran sometidas a un proceso de enjuague con agua dulce, a fin de eliminar el dañino salitre. Luego debían secarse, para lo que era necesario airear las cámaras de la fortaleza, con la necesaria vigilancia.

La grana, añil, y otros productos eran tratados con mucho esmero, pues, aunque los fardos y cajones buscaban ser estancos, no estaban preparados para ser absolutamente anegados y el proceso de recuperación era mucho más complejo.

Todavía a finales de enero de 1712 quedaba trabajo por hacer, sin contar el desguace de los barcos, pues se aprovechaba lo que se podía, desde anclas y cañones, hasta mástiles, cordelería, maderas y jarcias.

Sin embargo, El 21 de enero Carvajal le hizo saber por escrito a Alarcón la relación, que daba cuenta de las mercancías bajo su control y por lo tanto, su responsabilidad[3]:

-*Registrado por la Real Caja de México*:

-Por el situado de La Habana 65 434 pesos y un real en reales y medios.

-Por el situado de Cuba 35 000 pesos para España de remisión del excelentísimo Señor Duque de Linares, inclusive lo que remite el Oidor Don Félix de Agüero.

-Por 5 000 pesos que el Duque de Hubenaso.

-*Registro por la Real Caja de Guatemala:*

-Por cuenta de diferentes aplicaciones que las partidas que se me entregaron en la tesorería de la Real Caja y Puerto de la Nueva Veracruz, por caudal de su majestad y de diferentes aplicaciones, son las siguientes.

 -*Registro, por la Real Caja de México:*

-Por el situado de La Habana 65 434 pesos y un real en reales y medios.

-Por el situado de Cuba 35 000 pesos en reales y medios.

-Por 500 000 pesos para España de remisión del Excelentísimo Señor Duque de Linares, inclusive lo que remite el Oidor Don Félix de Agüero.

---

3 AGI. Indiferente, 2723.

-Por 5000 pesos para el Duque de Hubenaso.

-Registro por la Real Caja de Guatemala.

-Por cuenta de diferente aplicaciones en plata doble, 44 939 pesos, 6 reales y 21 maravedís.

-Por el valor de los tejos de oro 1686 pesos 2 reales y 27 maravedís.

Por el valor de las 5 planchas de plata, 809 pesos 2 reales y 31 maravedís.

-De dicha Real Caja separadas.

-Para casas de aposento de los señores del Real Consejo 8915 pesos, 7 reales y 26 maravedís.

-Para mesadas eclesiásticas, 1541 pesos 2 reales y 4 maravedís.

-Para ventas y composiciones de tierras, 2338 pesos 4 reales y 20 maravedís.

-Para Don Juan de Castro gallegos enterados por el Señor Don Lorenzo de la torres, 3914 pesos.

-Por registro de dicha Real Caja de Guatemala de limosna para Nuestra Señora de la Cabeza de Sierra Morena.

-Por 2000 pesos de remisión del señor Obispo de la Puebla cuya aplicación consta del registro.

-Por 1700 pesos de remisión de Campeche cuya aplicación consta del registro.

-Por 25 000 pesos que recibí de Don Diego de Valverde de orden del Excelentísimo Señor Duque de Linares que la Reina Nuestra Señora.

Según las cuentas del maestre, que no fueran impugnadas por Alarcón, la sumatoria era la siguiente:

Por la suma de las partidas de la caja de México y a referidas por manera que todo el caudal recibido en la Real Caja de la Veracruz con los 25 000 pesos que recibí aparte para la Reina Nuestra Señora, importa, 699 734 pesos 3 reales y 27 maravedís y es el que se ha de separar del que esta en el Castillo de la Fuerza de esta ciudad, y quedar allí hasta las disposiciones del Real Servicio, y esta relación juro a Dios y a la cruz, ser cierta y verdadera y no de malicia. Fecha ut supra= Cristóbal de Carvajal, Don Gabriel de Peñalver Angulo tesorero, Don Mateo Luis de Florencia factor, veedor, Don Juan Barrera Sotomayor contador y Don Guillermo Tomas de Roo supernumerario, Oficiales de la Real Hacienda de esta Ciudad de la Habana e Isla de Cuba por su Majestad.

La cifra final tiene sus variaciones, en dependencia del momento y de quien la emitiera. Carvajal esgrimió varias veces la excusa(podría ser cierto) de que sus papeles estaban muy mojados, algunos tan maltratados que era difícil establecer lecturas fuera de toda duda. Esto explica un tanto la ambigüedad.

Al parecer, las partidas del rey, que eran las más importantes, no experimentaron cambios significativos.

Libranzas

Muchos de los propietarios de las mercancías a bordo de la almiranta y el resto de barcos eran pasajeros que sufrieron en carne propia los horrores del naufragio. Los más afortunados no tenían otro objetivo que recuperar sus bienes y esperar a llegar a España se antojaba muy complicado y poco seguro.

Como se ha visto en capítulos precedentes, no estaba la Armada de Barlovento muy abundante de barcos. Andrés de Arriola reparaba su capitana antes que lo sorprendiera la muerte. El virrey, Duque de Linares, gobernador y Capitán General de Nueva España y presidente de la Real Audiencia de México, le comunicó la designación de Manuel López Pintado diputado real de la flota de Nueva España bajo su cargo, como máxima autoridad para gestionar lo relativo al naufragio de la Armada de Barlovento[4].

La diligencia era secreta y se le adjudicó a López Pintado a finales de febrero. Sin perder tiempo, zarpó rumbo a La Habana, a principios de abril, pues Alarcón debía ser juzgado y no se le concedió el privilegio de concluir la conducción de los caudales.

---

4 AGI. Escribanía, 115 B.

Esto era un procedimiento habitual con los oficiales bajo el mando del rey.

El 14 de abril Cristóbal de Carvajal hizo detallado informe de los bienes rescatados, controlado por el tesorero Peñalver, el castellano de la Fuerza y el propio Pintado. Justamente, liberar esos vienes a sus propietarios era conocido como *libranzas*.

Veamos lo declarado en el auto firmado por Carvajal[5]:

Un 1000 041 000 pesos entalegado en el Castillo de la Fuerza a cargo de su castellano Don Juan de Rojas.

9728 pesos que parecen por dichos autos estar en dicha Fuerza a nombre de Don Joaquín de Ortega Capellán de la Almiranta.

6493 que consta por dichos autos estar en dicho Castillo en tres cajones.

4 000 pesos por el producto de 4 jarras que están en dicho Castillo.

943 pesos que tomo en si y se le recargo.

2076 pesos considerados de gastos en los frutos los cuales ha de persivir de los mismos frutos pro cuya razón se le hace el cargo.

1357 pesos por haberlos persibido de Don Manuel de Verganza y pertenecen a esta cuenta.

955 pesos que ha de persibir de 56 882 pesos en que se han entregado a diferentes particulares con justificación de prendas y se les reparte a uno y tres cuentos por 100 que toca esta.

Como parece importa un millón setenta y un mil quinientos y ochenta y dos pesos y cuatro reales.

Habana y abril 14 de mil setecientos y doce anos Don Manuel López Pintado.

---

5 AGI. Indiferente, 2723.

110

Dilucidados los montos, el próximo paso era el de repartir, acto que presuponía la presentación de un documento o propiedad sobre lo reclamado. A cambio la partida era liberada emitiendo el correspondiente recibo:

15 de abril:

431 pesos y 2 reales al capitán Juan Manuel Duarte.

2587 pesos y 4 reales a Don Josephe de Aguirre.

11 643 pesos y 6 reales a Don Francisco Sibriaz.

12 506 pesos y 2 reales a Don Gaspar de la Rea Verdugo

37 087 pesos y 4 reales a Don Tomas Ibáñez Carnero.

22 281 pesos y 7 reales a Don Domingo Alaburu.

12 937 pesos y 4 reales a Don Franco de Eguillas.

8391 pesos y 5 reales al Licenciado Don Juaquin Cayetano de Ortega.

1 725 pesos a Don Juan Bautista Jonche.

41 414 pesos y 6 reales a Don Gaspar Preeny Castro.

48 390 pesos y 4 reales al alférez Don Josephe de Ruanoba.

3579 pesos y 3 reales a Don Pedro Theri.

a 15 940 pesos a Don Juan de Justis.

7 331 pesos y 2 reales a   Don Thomas Ibáñez.

16 de abril:

25 555 pesos y 5 reales a Don Juan Fiallo.

509 pesos al padre fray Antonio de Manzaneda.

3546 pesos y 2 reales a Don Juan Miguel teniente.

4377 pesos y 2 reales a Don Sebastián Hernández Castellanos.

1778 pesos y 1 real a Don Gerónimo Pérez.

4 774 pesos y 6 reales a Don Joseph de Mendieta.

404 pesos y 4 reales al capitán Juan Izquierdo.

6037 pesos y 4 reales a Don Joseph Caballero.

86 pesos y 2 reales a Don Joseph del Campo.

16 725 pesos a Diego Triana Roo.

2285 pesos y 5 reales al alférez Benito Bisoso.

6672 pesos y 5 reales a Bartolomé Luque.

5 175 pesos al alférez Don Joseph Ruanova.

2150 pesos y 4 reales a Don Juan días de Tagle.

872 pesos y 4 reales a Francisco Suarez.

847 pesos y 4 reales Don Francisco Antonio Bazabe.

6900 pesos dicho Señor Bazabe.

1597 pesos y 3 reales a Don Pedro Gutierres de Cosio.

4307 pesos y 4 reales a Don Andrés Rubio.__

10 108 pesos y 4 reales a Don Manuel de Mirallas.

12 393 pesos a dicho señor Mirallas.

81 506 pesos y 2 reales a Don Manuel de Verganza.

126 787 pesos y 4 reales a dicho señor Verganza.

6 984 pesos y 6 reales a Don feliz Chacón.

7 407 pesos y 3 reales a Don Francisco de Noboa.

1725 pesos a Don Félix Chacon.

3578 pesos y 2 reales a Don Miguel de Ambolodi.

4426 pesos a Don Juan Francisco Carballo.

215 pesos 6 reales a Don Domingo Alarburu.

125 235 pesos a Don Eugenio Martinez de Ribas.

1348 pesos y 2 reales a Don Pedro de Zendoya.

19 837 pesos y 4 reales a Don Francisco Sánchez de Caso.

17643 pesos y 4 reales al Doctor Don Joseph Muxica.

200 pesos a don Juan de Castilla

1725 pesos Agustín de Ariola.

Blas Francisco 171 pesos y 6 reales.

769 pesos y 5 reales a Domingo Hernández y Martin de Costo.

1400 pesos a Don Juan Esteban Fiallo.

90 131 pesos y 2 reales a Don Sebastián de Leisa.

172 pesos y 4 reales a Don Andrés Guisado.

345 pesos al Señor Almirante Don Diego Alarcón.

65 233 pesos y 7 reales al Señor diputado Don Manuel López Pintado.

86 pesos y 2 reales a dicho señor diputado.

17 141 pesos y 3 reales a dicho señor diputado.

17 de abril:

657 pesos y 6 reales a Don Pedro Gutierrez Corso.

86 pesos y 2 reales a Don Francisco Antonio Rozabe.

12 508 pesos y 4 reales a Don Fernando Varga Machuca.

425 pesos 1 real a 6 hombres de Mar que otorgaron recibo.

88 pesos a Don Thomas Ibáñez Carnero.

619 pesos y 6 reales a 7 hombres de mar que otorgaron recibo.

416 a 5 hombres de mar que otorgaron recibo.

258 pesos 3 reales a 3 hombres de mar que otorgaron recibo.

158 pesos y 3 reales a Juan de Cárdenas y Domingo Rodríguez.

20 700 a Don Juan de Justi.

345 pesos a dicho señor Justi.

5175 pesos a dicho señor Justi.

36 071 pesos a Don Manuel de Verpansa.

18, 3450 pesos a Don Francisco de Arias.

136 pesos y 6 reales a Don domingo Alorburu.

280 pesos 3 reales a dicho señor Alorburu.

304 pesos y 1 real a Gabriel de Torres.

26 pesos y 4 reales a Francisco Joseph González.

29 pesos y 1 real a Ignacio Fernández.

127 pesos y 5 reales a Francisco Román.

708 pesos y 1 real a Don Francisco de Arias.

48 pesos y 4 reales a Joseph de Aiala.

1940 pesos a Don Manuel Mirallas.

727 pesos y 4 reales a Don Pedro de Olage.

315 pesos y 5 reales a Don Nicolás Solano.

110 pesos y 1 real a Don diego de Robladillo.

240 pesos y 4 reales a Diego García.

18 de abril:

5544 pesos al señor diputado Don Manuel López Pintado del medio porciento que toca a su majestad que Dios guarde.

70 pesos y 6 reales a Juan de Utrera.

280 pesos y 2 reales a Don Juan Francisco Carballo.

1725 pesos a Don Cristóbal de Carvajal.

19 de abril:

824 pesos al Licenciado Don Pedro Car…

401 pesos a Don Cristóbal de Carvajal por 4 interesados en dicha cantidad.

339 pesos y 4 reales a Don Juan Castillos.

339 pesos y 6 reales a Don Diego Gaton.

266 pesos y 6 reales al señor diputado Don Manuel López Pintado.

53 673 pesos y 1 real y medio a Don Cristóbal de Carvajal porque esta de diferentes interesados que en dicha libranza se expresan.

21 de abril:

1500 pesos a Don Juan de Rojas Castellano de la Real Fuerza.

21; 2000 pesos al señor diputado don Manuel López Pintado que se libro así mismo por las razones que expresa la libranza.

12 782 pesos a Don Cristóbal de Carvajal que le pertenecen por su encomienda y trabajo regulado por dicho señor diputado.

500 pesos librados a Don Miguel de Ambulo..

138 pesos 2 reales y medio al señor diputado.

Concluyó así el proceso de libranzas, que al parecer fue bastante justo, pues no pude encontrar pleitos a posteriori.

Pero: ¿qué sucedía con la hacienda de los que murieron en el naufragio?

Conviene ilustrar el caso a través de un poder conservado en el Archivo Nacional de Cuba[6]. Francisco Pinto de Arenas era residente en La Habana, Provincial de la Santa Hermandad por el Superior Gobierno de México, además pasajero de la almiranta.

Acudió en presencia de Gaspar Fuertes, escribano público de número de San Cristóbal en calidad de representante legal y albacea de los bienes de Sebastián Fernández, natural de Colmenar, en "los reynos de Castilla". Alegó que debía retornar a Nueva España pero tenía la obligación de responder por las pertenencias de Fernández y temía no estar presente cuando se hicieran las libranzas.

Es por eso que nombró a Thomás de Águila, vecino también de La Habana, para que cobrara los caudales del difunto.

---

6 ANC. Protocolos de La Habana. Escribanía Regueyra. Año 1711. Folios 608v y 609v.

Para ello presentó una memoria y documentos duplicados de lo embarcado a su nombre que debía coincidir con los papeles bajo la custodia de Carvajal.

Lamentablemente, en el caso que no se conservaran documentos, dicho de otra forma, que el difunto se ahogara con su recibo, las autoridades tenían el derecho de no librar las mercancías, pues no había forma de corroborar su potestad.

Normalmente, un turbio manto cubría esta parte del proceso, sin que se especificaran la naturaleza de los productos ni su valor.

ANEXOS

DOCUMENTO 1.

-AL MARGEN.- PRIMERA DESCARGA.-

-Angulo= Florencia= Roo=

-Ante mi Francisco Diaz Davila escribano mayor de la Real Hacienda.

En la ciudad de la Habana en 19 de diciembre de mil 1711 anos, estando en la playa y marina inmediata al Castillo de la Fuerza Vieja de este puerto el señor Don Mateo Luis de Florencia factor, veedor, juez oficial de la real Hacienda de esta dicha ciudad e isla de Cuba por su majestad. Se procedió a la descarga de la Balandra nombrada La Graciosa que ha entrado en este puerto del … de la Almiranta de la Real Armada de Barlovento que nafrago en la Costa de Santa / cargo del alférez Manuel Prendes de Acevedo, ayudante de este presidio y por ante mi el escribano y testigos que irán declaracos en diferentes barcadas que se hicieron en la cano de dicha balandra que este cerda de dicho Castillo. Se echo en tierra lo siguiente:

-Primeramente 162 talegos cerrados que parecen ser de plata acunada.__

Yten 13 talegos grandes y pequeños con distintas marcas cerrados al parecer de plata acunada que dicho ayudante dijo haber traído con separación y advertencia de ser pertenecientes al Padre Don Joaquín de Ortega Capellán Mayor de dicho Almiranta._

Con lo cual por no haber otra cosa en dicha balandra se feneció esta diligencia y en conformidad de lo mandado por el auto antecedente por medio de diferentes negros carretoneros que para el efecto fueron llamados a vista de las guardias que se pusieron desde la playa hasta la entrada de dicho Castillo se condujeron a el todos los talegos contenidos en esta descarga y fueron puestos y asegurados en el almacen debajo de dos llaves que la una quedo a cargo de su merced dicho señor factor y la otra que se remitió a Don Joseph de Toca pagador de dicha Almiranta de que doy fe y lo firmo dicho señor factor, siendo testigo el teniente Mateo de Barrios que lo es actual de dicho Castillo, Pedro de Medrano tenedor de bastimentos y Andrés del Monte presentes= Florencia= Ante mi Francisco Días Dávila escribano mayor de Real Hacienda.___

-SEGUNDA DESCARGA.-

-En la ciudad de La Habana en 20 de diciembre de este ano de 1711 estando en la playa y marina inmediata al Castillo de La Fuerza Vieja de esta plaza el señor Don Mateo Luis de Florencia factor, veedor, oficial de la Real Hacienda de esta isla con intervención y asistencia de Don Joseph de Toca pagador de la Almiranta de la Real Armada de Barlovento se procedió a la descarga de la lancha de Agustin Castellanos que esta arrimada a dicho Castillo y acaba de entrar en este puerto del casco de dicha Almiranta y por ante mi el escribano y testigos que irán declarados se echo en tierra lo siguiente.___

-Primeramente en 3 barcadas que se hicieron en una cano se echaron en tierra, 155 talegos cerrados y con distintas marcas que parecieron ser de plata acunada._

-Ytem en otra barcada se descargaron 45 talegos que el dicho pagador dice vienen con separación y advertencia de ser destinados para socorros de la gente de mar y guerra y oficiales de dicha Almiranta y demás costos y gastos que en su provicion se ofrecieron.___

Con lo cual para no haberse traido otra cosa de plata en dicha lancha la que se ha descargado por medio de los negros carretoneros que para el efecto fueron llamados a vista de los infantes de guardia que se pusieron se llevaron y condujeron a dicho Castillo y habiéndose habierto pot su merced y dicho pagador el almacen con las llaves que tienen a su cargo se introdujeron y aseguraron en el todos los talegos contenidos en esta descarga y se volvió a cerrar en la misma forma que antes estaba de que doy fee-

-Así mismo se desembarcaron de dicha lancha una caja grande y una que parece ser fresquera y dijeron ser pertenecientes a un difunto nombrado Don Santiago de Reina que se ahogo en el naufragio de dicha Almiranta las cuales cerradas como vienen se llevaron a la Real Contaduria hasta dar cuenta a cualquiera de los señores Gobernadores de lo político con que se concluyo la descarga de dicha lancha y lo firmaron siendo testigos el tenientes mateo de Barrios, Pedro de Medrano tenedor de bastimentos y Andrés del Monte presentes = Florencia= Don Joseph de Toca = Ante mi Francisco Díaz Dávila escribano mayor de Real Hacienda._

Al margen :Descarga de otra Lancha=

-En la ciudad de La Habana en 20 de diciembre de 1711 anos, estando en el paraje mencionado en la antecedente, el Señor Don Mateo Luis de Florencia factor, veedor, oficial de la Real Hacienda de esta isla de Cuba por su majestad con intervención y asistencia de Don Joseph de Toca, pagador de la Almiranta de la Real Armada de Barlovento se procedió a la descarga de la lancha del Capitán Don Juan Núñez de Castilla que a cargo del alférez Don Antonio Joseph de Ayala ha entrado en este puerto del Casco de dicha Almiranta y esta arrimada al Castillo de la Fuerza Vieja de esta plaza y por ante mi el escribano y testigos que irán declarados se echaron en tierra por una canoa 86 talegos cerrados los 14 al parecer dobles y los 72 restantes sencillos que parecen ser de a 1 000 pesos cada uno= Yten 2 cajones presentados que dicen ser de plata acunada= con lo cual por no haber otra cosa en dicha lancha se feneció esta diligencia y por medio de los negros carretoneros que se llamaron estando tendida la guardia desde la playa a dicho Castillo, se llevaron a el dichos talegos y se pusieron y aseguraron en el almacén mencionado en la antecedente donde quedaron debajo de dos llaves como esta prevenido la una que tiene a su cargo dicho señor factor y la otra el dicho pagador de que doy fe y lo firmaron siendo testigos el teniente Mateo de Barrios, Pedro Medrano y Andrés del Monte presentes= Florencia= Don Joseph de Toca= Ante mi Francisco Días Dávila escribano Mayor de la Real Hacienda=

Cuarta descarga de dicha lancha=
En la ciudad de La Habana en 20 de diciembre de 1711 anos estando en el paraje mencionado en la antecedente, el Señor Don Mateo Luis de Florencia factor, veedor, oficial de la Real Hacienda de esta isla con intervención y asistencia de Don Joseph de Toca pagador de la Almiranta de la Real Armada de Barlovento se procedió a la descarga de esta lancha de Juan de Abid que acaba de entrar en este puerto del casco de dicha Almiranta a cargo del alférez Don Joseph Antonio Monzayo ypor ante mi el escribano y testigos que irán declarados en dos barcadas que se hicieron en una cano se echaron en tierra 100 talegos cerrados que parecen ser de plata, acunada los cuales por medio de los negros carretoneros que se llamaron estando tendida la guardia desde la playa al Castillo de la Fuerza Vieja, se llevaron a su almacen y habierto por su merced y dicho pagador se introdujeron en el dicho 100 talegos y lo volvieron a cerrar de que doy fe. Y lo firmaron siendo testigos el teniente Mateo de Barrios, Pedro de Medrano y Andrés del Monte= Florencia=Don Joseph de Toca= Ante mi Francisco Díaz Dávila escribano mayor de Real Hacienda._

-Quinta Descarga en la balandra francesa.-
En la ciudad de La Habana en 20 de Diciembre de este ano de 1711, estando en la playa y marina inmediata de la

Fuerza Vieja de esta plaza,, el señor Don Mateo Luis de Florencia factor, veedor, Oficial de la Real Hacienda de esta isla con intervención y asistencia de Don Joseph de Toca, pagador de la Almiranta de la Real Armada de Barlovento, se procedió a la descarga de la Balandra francesa nombrada El Dragon Volante que ha entrado en este puerto del casco de dicha Almiranta a cargo del sargento Francisco Sánchez que lo es actual de la compañía de la Sargentia Mayor de este Presidio y por ante mi el escribano y testigos que irán declarados en diferentes varcada que se hicieron en la cano de dicha balandra que esta cercana a dicho Castillo. S
Se echo en tierra lo siguiente:
-Primeramente 278 talegos con diferentes marcas que parecen ser de plata acunada.
Yten doce cajones presentados con diferentes números y marcas de fuego que parecen ser de plata, con lo cual por no haber otra cosa en dicha balandra se feneció esta diligencia y todo lo descargado habiéndose tendido la guardia de la playa a dicho castillo por medio de los negros carretoneros que se llamaron se condujo a dicho castillo y habiéndose abierto el almacen por su merced y dicho pasador se introdujo y puso en el, y se volvió a cerrar como estaba y lo firmaron siendo testigos el teniente Mateo de Barrios, Pedro de Medrano y Andrés del Monte presentes= Florencia= Don Joseph de Toca= Ante mi Francisco Días Dávila escribano mayor de Real Hacienda._

Sexta Descarga de una piragua.-
-En la ciudad de La Habana en 20 de diciembre de 1711 anos, estando en el Muelle de la Real Contaduria el señor Don Gabriel de Peñalver Angulo tesorero oficial de la Real Hacienda de esta isla se procedió a la descarga de la piragua de Gerónimo de los Santos que acaba de entrar del casco de la Almiranta de la Armada Real de Barlovento y por ante mi

el escribano y testigos que irán declarados se echo en tierra lo siguientes.

-Primeramente 6 zurrones mojados que parecen ser de grana y tinta añil._

Yten 12 cajones medianos también mojados._

Yten algunas cajas que abiertas con las llaves que exhibieron las personas que dicen ser sus dueños se abrieron y hallaron componerse de ropa de vestir también mojada por cuya razón de orden de su merced se entregaron a dichos sus dueños._

Con lo cual por no haber traido otra cosa dicha piragua se feneció esta diligencia y lo contenido en las dos primeras partidas por medio de negros carretoneros que para el efecto se llamaron se condujo a una bodega o almacen que se previno accesorio a las casas de Dona Teresa Calvo de la Puerta donde quedo asegurado y en poder de su merced la llave de dicho almacen y lo firmo siendo testigos Juan Alegre, Juan de Bustos y Andrés del Monte presentes= Angulo = Ante mi Francisco Días Dávila escribano mayor de Real Hacienda._

Septima Descarga de dicha lancha.-

En la ciudad de La Habana en 21 de diciembre de este ano de 1711, estando en el muelle de la Real Contaduria el Señor Don Gabriel de Penalver Angulo tesorero oficial de la Real Hacienda de esta isla se procedió a la descarga de la lancha que trae a su cargo el alférez Diego García de Vitoria perteneciente a Andrés Hernández y acaba de entrar en este puerto del casco de la Almiranta de la Real Armada de Barlovento y por ante mi el escribano y testigos que irán declarados se echo en tierra lo siguiente._

-Primeramente 11 tercios que parecen ser de grana mojados.-

Yten un plancha de cobre._

Yten se pusieron en dicho muelle algunas cajas grandes y

pequeñas que abiertas por sus dueños se reconocieron ser de ropa de verter mojada por cuya razón de orden de su merced se entregaron a cada uno las que les pertenecía._

Con lo cual por no haber traído otra cosa dicha lancha se feneció esta diligencia y lo contenido en las dos primeras partidas por medio de los negros carretoneros se llevo a la bodega prevenida donde quedo y la llave a cargo de su merced y lo firmo siendo testigo Juan Alegre, Juan de Busto y Andrés del Monte presentes= Angulo= Ante mi Francisco Díaz Dávila escribano mayor de Real Hacienda._

Octava Descarga de la balandra.-
En la ciudad de La Habana en 22 de diciembre de este ano de 1711, estando en la palaya y marina inmediata al Castillo de la Fuerza Vieja de esta plaza el Señor Don Mateo Luis de Florencia factor, veedor oficial de la Real Hacienda de esta isla con intervención y asistencia de Don Joseph de Toca pagador de la Almiranta de la Real Armada de Barolovento se procedió a la descarga de la balandra francesa, nombrada la Graciosa que acaba de entrar en este puerto del casco de dicha Almiranta a cargo del ayudante Manuel Méndez de Acevedo y por ante mi el escribano y testigos que irán declarados en diferentes barcadas que en una canoa se hicieron desde abordo a tierra se echo lo siguiente._

-Primeramente 85 avos cocidos que parecen ser de plata acunada.-

-Yten 339 talegos cerrados que parecen ser de plata acunada._

-Yten 8 cajones precintados con diferentes números y marcas algunas y otros que tienen confusas sus marcas.-

Yten 2 barras de plata la una pequeña: y una plancha de lo mismo con lo cual por no haber traido dicha balandra otras piezas de plata en pasta y acunada se suspendió esta diligencia, y todo lo descargado por medio de los negros carretoneros estando tendida la guardia desde la playa a dicho Castillo se condujo a su almacen que abierto por su merced y dicho pagador se introdujo en el con lo demás asegurado y se volvió a cerrar de que doy fe y lo firmo siendo testigos el teniente Mateo de Barrios, Pedro de Medrano y Andrés del Monte presentes= Florencia=Joseph de Toca= Ante mi Francisco Díaz Dávila escribano mayor de Real Hacienda.=

-Prosigue la descarga de otra balandra.-
Luego incontinente, estando presente el señor Don Gabriel de Peñalver Angulo, tesorero oficial de la Real Hacienda de esta isla se prosiguió en la descarga de la balandra mencionada en la antecedente y por ante mi el escribano y testigos en la canoa de dicha balandra se trajeron a tierra.-
-Primeramente una caja de cedro cerrada con su cerradura y un barrica también cerrada por todas partes en que dicen contenerse diferentes piezas de plata labrada._
Yten 3 sacas que dijeron componerse de talegos vacios que se hallaron rotos y la plata de ellos se introdujo en havas los cuales se remiten en esta forma para que en todo tiempo se reconozcan sus números y marcas._
Yten 3 tercios que parecen ser de grana.-
Yten un cajo de papeles mojados con lo cual por no haber otra cosa en dicha balandra se feneció su descarga y todo lo contenido en esta por medio de los negros carretoneros se llevaron los tercios a la bodega prevenida y lo demás a la Real Contaduria donde quedo asegurado a cargo de su merced y lo firmo siendo testigos Juan Alegre de Santiago, Juan de Bustos y Juan Rizo presentes= Angulo= Ante mi Francisco Días Dávila escribano mayor de Real Hacienda.=

-Novena Descarga.-
En la ciudad de la Habana en 25 de diciembre de 1711 anos estando en la playa y marina inmediata al Castillo de la

Fuerza Vieja el señor don Mateo Luis de Florencia factor, veedor, oficial de la Real Hacienda de esta isla con intervención y asistencia de Don Joseph de Toca pagador de la Almiranta de la Real Armada de Barlovento se procedió a la descarga de la lancha de Agustin Castellanos que acaba de entrar en este puerto a cargo del capitán Don Francisco Arias y por ante mi el escribano y testigos que irán declarados en una canoa que hizo tres viajes se echaron en tierra las partidas siguientes._

Primeramente 134 talegos cerrados que parecen ser de plata acunada._

Yten 28 havas y 4 tenates que así mismo vienen cerrados y cocidas y al parecer con plata acunada._

Con lo cual por no haber mas plata en dicha lancha se suspendió su descarga y todo lo contenido en ella estando puesta una guardia de soldados desde la playa al castillo por medio de los negros carretoneros que para el efecto se llamaron se condujo al almacén de dicho castillo que habiendo por su merced que dicho pagador se introdujo en el dicha plata y se volvió a cerrar como antes estaba y lo firmaron de que doy fe, siendo testigos el teniente Mateo de Barrios que lo es de dicho Castillo, Pedro de Medrano tenedor de Bastimentos y Andrés del Monte presentes= Florencia = Joseph de Toca = Ante mi Francisco Días Avila escribano mayor de Real Hacienda.-

_Prosigue la descarga de dicha lancha.-

Luego incontineti la lancha mencionada en la antecedente paso al muelle de la Real Contaduria y estando atracada a el con asistencia del señor Don Gabriel de Peñalver Angulo tesorero oficial de la Real Hacienda de esta isla se prosiguió en su descarga y por ante mi el escribano y testigos que irán declarados se echo en tierra lo siguiente._

Primeramente 15 zurrones que parecen ser de gr Ana y estar mojados.-

Yten 4 cajones medianos también mojados.-

Yten 3 costalillos que se conocieron ser de Vainillas mojadas._

Con lo cual por no haber otra cosa en dicha lancha se feneció su descarga y todo lo expresado en ella por medio de los negros carretoneros se condujo a la bodega destinada para este efecto donde quedo a cargo de su merced y lo firmo siendo testigos Juan Rizo, Juan Alegre y Juan de Bustos presentes= Angulo= Ante mi Pedro Fernández de Velazco escribano real._

-Decima descarga de otra lancha.-

En la ciudad de La habana en 25 de diciembre de 1711, estando en el portal y muelle de la Real Contaduria el señor Don Gabriel de Peñalver Angulo tesorero oficial de la Real Hacienda de esta isla se procedió a la descarga de la lancha de Andrés Hernández que acaba de entrar en este puerto del casco de la Almiranta perdida a cargo del Alferez Diego García Vilorio, y por ante mi el escribano y testigos que irán declarados se echo en tierra lo siguiente.-

Primeramente 35 zurrones y tercio al parecer de grana y tinta de añil que por estar muy mojados no se distinguen._

Yten 4 tercios forrados en crudo.-

Yten 2 tercios que parecen ser de cacao.-

Yten un tercio con cubierta de petate que no se advierte de lo que es.-

Yten un tercio que parece ser de purga de jalapa.-

Con lo cual por no haber otra cosa en dicha lancha se feneció su descarga y todo lo en ella contenido por medio de los negros carretoneros se condujo a la bodega prevenida donde quedo a cargo de su merced siendo testigos Juan Alegre, Juan Rizo y Juan de Bsutos presentes= Angulo= Ante mi Pedro Fernández de Velazco escribano real.-

Oncena descarga de otra lancha.-

En la ciudad de La Habana en 27 de diciembre de 1711 estando en el portal y muelle de la Real Contaduria el señor Don Gabriel de Peñalver Angulo tesorero oficial de la Real Hacienda de esta isla se procedió a la descarga de la lancha de Andrés Hernández que trae a su cargo el alférez Diego García de Abiloria que acaba de entrar en este puerto del casco de la Almiranta perdida y por ante mi el escribano y testigos que irán declarados se echo en tierra lo siguiente._

Primeramente 6 zurrones que parecen ser de grana mojados los cuales se condujeron por medio de los negros carretoneros a la bodega prevenida donde quedaron a cargo de su merced.-

Yten se descargaron de dicha lancha algunas cajas que abiertas se reconocieron ser de ropa blanca y de vestuario mojada por cuya razón de orden de su merced se entregaron incontinenti a los que se dijeron tercios de miniestras y otras cosas comestibles que dijeron ser del Rancho del Señor Almirante Don Diego de Alarcón, por cuya razón de orden de su merced se entregaron, y los llevo un criado de dicho señor Almirante.-

Con lo cual de orden de su merced por no haber otra cosa en dicha lancha visitada se desatraco de dicho muelle y lo firmo siendo testigos Juan Rizo, Juan Alegre de Santiago y Juan de Bustos presentes= Ante mi Pedro Fernández de Velazco escribano real.-

En la ciudad de La Habana en 25 de diciembre de 1711 anos los señores y Don Pedro Benedit Horruitiner alcaldes ordinarios, gobernadores de lo político de esta dicha ciudad y su jurisdicción por su majestad dijeron que sus mercedes acaban de recibir carta, su fecha en el real de Santa Ana, a 24 del corriente de Don Cristóbal de Carbajal, maestre de plata de la Almiranta de la Real Armada de Barlovento que naufrago en dicho paraje por la cual representa haber remitido porción de grana y tinta con otros frutos que se han buscado, pidiendo que para proceder a su beneficio por estar mojados y que pueda conseguirse algún útil a favor de sus dueños, se manden entregar a don Manuel de Verganza y Don Francisco Ciprian personas de su mayor confianza e interesados en la perdida de dicha Almiranta para que así estos como los que fuere remitiendo se endulcen, enjuaguen y sequen por mano de los susodichos como de dicha carta parece y para resolver sobre su contenido= mandaban y mandaron se ponga dicha carta a continuación que sus mercedes confería en su vista con los señores oficiales de la real hacienda la que se deba ejecutar para cuyo efecto se juntaron mañana 26 del corriente sin embargo del punto y días feriados y por este así lo proveyeron y firmaron= Horruitiner = Arriola= Ante mi Pedro Fernández de Velazco escribano real._

-Carta del maestre de ------
Mui señores mios estando en esa ciudad con porción de grana y tinta y otros frutos que se han buseado y he remitido que necesitan del beneficio de endulzar y secar para que de ello aprovechen sus dueños lo que se pudiere y así he resuelto que Don Manuel de Verganza y Don Francisco Ciprian personas interesadas en la perdida de esta almirante y de la mayor satisfacción mia se empleen en eso y así suplico a Vuestras Mercedes se sirvan de mandarles entregar la que allí hubiere y la que desde aquí voy remitiendo para dicho beneficio porque no se opone a los intereses de su majestad, y es para bien de sus vasallos: es cuanto se me ofrece decir a vuestras mercedes, con ofrecerme rendidamente a sus obediencias interin ruego a Dios guarde a vuestras mercedes muchos anos Real de Santa Ana diciembre 24 de 1711 = B . L. M. de Vuestras Mercedes.-

ACUERDO:-

En la ciudad de la Habana en 26 de diciembre de 1711 estando juntos en la Real Contaduria los Señores Capitanes don Agustín de Arriola y Don Pedro Benedit Horruitenes Alcaldes ordinarios, Gobernadores de lo Político Don Gabriel de Peñalver Angulo Tesorero Don Mateo Luis de Florencia Factor, veedor y Don Guillermo Thomas de Roo supernumerario Oficiales de la Real Hacienda de esta dicha Ciudad e Isla de Cuba por su Majestad de orden de sus mercedes, se leyó por mi el infrascrito escrito escribano la carta escrita por Don Cristóbal de Carvajal, maestre de plata de la Almirante de Barlovento que naufrago en la costa de Santa Ana y así mismo el auto por sus mercedes los Señores Gobernadores proveído en 25 del corriente; en causa vista habiendo, dichos Señores conferido sobre la representación y pedimento que hace dicho maestre de plata conformes acordaron se entreguen a Don Manuel de Vergara y a Don Francisco Ciprian los zurrones de grana tinta y demás frutos y efectos que se han salvado y remitido; salvaren y remitieren del casco de dicha Almiranta para el fin que se propone en dicha carta cuya entrega se haga con toda claridad y distinción para la buena cuenta que los susodichos deben dar a dicho maestre de plata, y todo se pondrá por diligencia en la forma ordinaria para que conste así lo acordaron y determinaron y firmaron_ Horruitenes= Arriola= Angulo= Florencia= Roo= Ante Pedro Fernández de Velazco escribano Real-

-Notificacion:-

En La Habana en 27 de diciembre de dicho ano, hice notorio el auto antecedente a Don Manuel de Vergara doy fe= Pedro Fernández de Velazco escribano Real-

-Notificacion-

En La Habana en dicho día hice notorio dicho auto a Don Francisco Ciprian doy fe+ Pedro Fernández de Velazco escribano Real-

Recibo:-

En La Ciudad de La Habana en 27 de diciembre de este ano de 1711, el Señor Don Gabriel de Peñalver Angulo teniente oficial de la Real Hacienda de esta isla en compañía de mi el infrascrito escribano fue a la bodega, o almacén donde se pusieron la grana tinta de añil y demás efectos que se ha salvado y traído del casco de la Almiranta de la Real Armada de Barlovento para hacer la entrega que se manda por el acuerdo de la foja antecedente y estando presentes Don Manuel de Vergara y Don Francisco Ciprian residentes en esta dicha ciudad a quienes doy fe conozco los recibieron en la manera siguiente_

_Primeramente 76 tercios y zurrones, los 14 de tinta de añil y los restantes de grana.-

Ítem 10 cajoncillos cabeceados.-

Ítem 2 tercios de cacao-

Ítem 4 tercios con cubierta de crudo que parecieron ser de cebadilla.-

Ítem un tercio que dice ser de purga de jalapa.-

Ítem un tercio con cubierta de petate que dicen ser de cebadilla.-

Ítem un cajón de papeles.-

Ítem tres sacos abiertos que se reconocen ser de vainillas.-

Ítem una plancha de cobre.-

Con lo cual por no haber otra cosa en dicha bodega se feneció esta diligencia y los dichos Don Manuel de Verganza y Don Francisco Ciprian se hicieron cargo y dieron por entregados de todo lo expresado en este instrumento de que doy fe, por haberles hecho su entrega en mi presencia y de dichos testigos Juan Alegre de Santiago y Andrés del Monte presentes=

Angulo= Manuel de Verganza= Francisco Brian= Ante mi Pedro Fernández de Velazco escribano Real.__

Decimo segunda Descarga de otra Lancha-
-En la Ciudad de La Habana en 28 de diciembre de 1711 anos estando en la playa y marina inmediata al Castillo de la Fuerza Vieja el Señor Don Mateo Luis de Florencia factor veedor oficial de la Real Hacienda de esta isla con intervención y asistencia de Don Joseph de Toca pagador de la almiranta de la Real Armada de Barlovento se procedió a la descarga de la Lancha de Agustín Castellanos que acaba de entrar en este puerto a cargo del Capitán Don Francisco Arias, y en un bote que para el efecto se previno se trajo a tierra lo siguiente:
-Primeramente 22 havas cocidas que dijeron de plata acunada.-
Ítem 20 talegos cerrados que parecen ser de dicha plata.-
Ítem 6 cajones precintados con diferentes números, los 4 y los otros 3 sin ellos.-
Lo cual parecen así mismo ser de plata con lo cual por no haber traído en dicha lancha otras piezas de plata se suspendió la descarga de ella y todo lo expresado por medio de los negros carretoneros a vista de la guardia que se planto desde la playa al castillo se condujo a su almacén que abierto por su merced y dicho pagador se introdujo en el que se volvió a cerrar como antes estaba y lo firmaron de que doy fe, siendo testigos el teniente Matheo de Barrios, Pedro de Medrano tenedor de bastimentos y Andrés del Monte presentes= Florencia= Joseph de Toca= Ante mi Francisco Días Dávila escribano mayor de Real Hacienda.__

Prosigue la descarga de dicha lancha:
Luego incontinente estando presente el señor Don Gabriel de Peñalver Angulo tesorero oficial de la Real Hacienda de

esta isla se prosiguió en la descarga de la lancha mencionada en la antecedente y por ante mi el escribano y testigos se echo en tierra lo siguiente:

-Primeramente 21 cajoncillos de distintos tamaños que dijeron ser encomiendas y regalo que venían en dicha Almiranta lo mas de ellos mojados.-

Ítem 6 terciecillos mojados.-

Ítem 25 zurrones algunos medianos y abiertos y muy mojados que no se distinguen los que son de grana de los de tinta de añil.

Con lo cual por no haber traído otra cosa dicha lancha se feneció su descarga y todo lo en ella expresado en conformidad de lo acordado se entrego a Don Manuel de Verganza que esta presente y el susodicho lo recibió y llevo a su poder para beneficiarlo y enjuagarlo y lo firmo con su merced siendo testigos Juan Rizo, Juan Alegre de Santiago y Juan de Busto presentes= Angulo= Manuel de Verganza= ante mi Pedro de Velazco escribano Real._

-Decimo tercera descarga de otra lancha.

En la Ciudad de la Habana en 1 de enero de este ano de 1712 estando en la playa y marina inmediata al Castillo de la fuerza Vieja de esta plaza el Señor Don Matheo Luis de Florencia factor, veedor oficial de la Real Hacienda de esta isla con intervención y asistencia de Don Joseph de Toca pagador de la Almiranta de la Real Armada de Barlovento se procedió a la descarga de la lancha de Agustín Castellanos que trae a su cargo el capitán Don Francisco Arias y por ante mi el escribano y testigos que irán declarados, en una canoa se trajo a tierra lo siguiente:_

Primeramente 82 havas cocidas que dicen ser de plata acunada.

Ítem 22 talegos cerrados que parecen ser de dicha plata._

134

Ítem un cajón precintado numero 14 con la marca confuza que dicen ser de plata._

Con lo cual por no haber traído dicha lancha otras piezas de plata se suspendió su descarga y todo lo expresado en esta por medio de los negros carretoneros puesta la guardia desde la playa a dicho castillo se llevo a su almacén que abierto por su merced y dicho pagador se introdujo en el que se volvió a cerrar como antes estaba y lo firmaron de que doy fe, siendo testigos el teniente Matheo de Barrios, Pedro de Medrano, y Andrés del Monte presentes= Florencia= Joseph de Toca= Ante mi Francisco Díaz Dávila escribano mayor de Real Hacienda._

-Luego incontinente con asistencia del Señor Don Gabriel de Peñalver Angulo tesorero oficial de la Real Hacienda de esta Isla se prosiguió a la descarga de la lancha mencionada en la antecedente y por ante mi el escribano y testigos que irán declarados se echo en tierra lo siguiente:_

Primeramente 38 zurrones muy mojados y algunos abiertos que parecen ser de grana y tinta de añil.-

Con lo cual por no haber otra cosa en dicha lancha se feneció su descarga y en conformidad de lo determinado se entregaron incontinente a Don Manuel de Verganza que este presente los dichos zurrones y el susodicho lo recibió y llevo a su poder de que doy fe, y lo firmo con su merced siendo testigos Juan Rizo, Juan Alegre de Santiago y Juan de Bustos presentes = Angulo=Manuel de Verganza= ante mi Pedro Fernández de Velzco escribano Real.-

-Decimocuarta descarga de otra lancha.-

En la Ciudad de La Habana en 1 de enero de 1712, estando en el portal y muelle de la Real Contaduria el Señor Don Gabriel de Peñalver Angulo tesorero oficial de la Real Hacienda de esta irla se procedió a la descarga de la lancha de Vicente García que acaba de entrar en este puerto del Casco de la Almiranta de la Real Armada de Barlovento y por ante mi el escribano y testigos que irán declarados, se echo en tierra lo siguiente:_

_Primeramente cuarenta y nueve zurrones mojados y algunos de ellos maltratados que parecen ser de grana y tinta de añil.-

_ Ítem 5 velas, 2 grandes y las 3 pequeñas.-

Con lo cual por no haber traído otra cosa dicha lancha se feneció su descarga, y estando presente Don Manuel de Verganza en conformidad de lo determinado se hizo cargo de dichos zurrones y represento que para tender y enjuagar dicha grana necesitaba de dichas velas, en cuyo respecto mando su merced de le entregasen y habiéndolas recibido el susodicho se obligo a devolverlas y dar cuenta de ellas siempre que se le p ida y mande y lo firmo con su merced, siendo testigos Juan Rizo, Juan Alegre de Santiago y Juan de Bustos presentes= Angulo= Manuel de Verganza = Ante mi Pedro Fernández de Velazco escribano Real.__

-Decimoquinta descarga de otra lancha.-

En la Ciudad de La Habana en 1 de enero de 1712, estando en el Portal y Muelle de la Real Contaduria el Señor Don Gabriel de Peñalver Angulo tesorero oficial de la Real Hacienda de esta isla se procedió a la descarga de la lancha de Andrés Hernández que acaba de entrar en este puerto del casco de la Almiranta perdida a cargo del alférez Diego García de Victoria y por ante mi el escribano y testigos que irán declarados, se echaron en tierra 42 zurrones mojados que parecen ser de grana y tinta de añil y estando presente Don Manuel de Verganza en conformidad de lo determinado se hizo cargo y dio por entregado de ellos y los hizo llevar de que doy fe, con que por no haber traído otra cosa dicha lancha quedo concluida su descarga y lo firmaron siendo testigos Juan Rizo, Juan alegre de Santiago y Juan de Bustos presentes= Angulo= Manuel de Verganza= Ante mi Pedro Fernández de Velazco escribano Real.-

-Decimosexta descarga de una lacha.-
En la Ciudad de La Habana en 1 de enero de 1712, estando en el Portal y Muelle de la Real Contaduria el Señor Don Gabriel de Peñalver Angulo tesorero oficial de la Real Hacienda de esta dicha ciudad e Isla, llego a el una canoa de Francisco de Ortega que acaba de entrar del casco de la Almiranta perdida y en ella trajo 3 zurrones mojados que parecen ser de grana de los cuales se hizo cargo y dio por entregado Don Manuel de Verganza que esta presente de que doy fe.__
Así mismo trajo algunas cajillas que averías se reconocieron ser de ropa de verter mojada y no otra cosa por cuya razón se entregaron a sus dueños que quedo concluida esta diligencia y si merced lo firmo con dicho Don Manuel de Verganza. Siendo testigos Juan Rizo, Juan Alegre de Santiago y Juan de Busto presentes= Angulo= Manuel de Verganza= Ante mi Pedro Fernández de Velazco escribano Real._

-Decimoséptima descarga de otra lancha.-
En la Ciudad de La Habana en 2 de enero de este ano de 1712 estando en el Muelle y portal de la Real Contaduria el Señor Don Gabriel De Peñalver Angulo tesorero oficial de la Real Hacienda de esta dicha ciudad e Isla de Cuba por su Majestad se procedió a la descarga de la lancha de Don Juan Núñez de Castilla que acaba de entrar en este puerto del casco de la Almiranta perdida y por ante mi el escribano y testigos, se echaron en tierra 77 zurrones de gran y tinta añil mojados y algunos rotos y maltratados y estando presente Don Manuel de Verganza en conformidad de lo determinado se le entregaron y el susodicho los recibió y se hizo cargo de ellos para su beneficio de que doy fe y lo firmaron

siendo testigos Juan Rizo, Juan Alegre de Santiago y Juan de Bustos presentes= Angulo= Manuel de Verganza- ante mi Pedro Fernández de Velazco escribano Real._

_Decimoctava descarga otra lancha.__

En la Ciudad de La Habana en 4 de enero de 1712, estando en el Portal y Muelle de la Real Contaduria el Señor Don Gabriel de Peñalver Angulo tesorero oficial de la Real Hacienda de esta Isla se procedió a la descarga de la lancha de Andrés Hernández que acaba de entrar en este puerto del casco de la Almiranta perdida a cargo del alférez Diego García de Victoria, y por ante mi el escribano y testigos que irán declarados, se echaron en tierra 50 zurrones muy mojados que parecen ser de gran y tinta de añil, y así mismo otros 9 medianos hechos pedazos y desechos, en cuya conformidad estando presente Don Manuel de Verganza según lo determinado se le entregaron, y el susodicho los recibió y se hizo cargo de ellos para su beneficio, con que por no haber traído otra cosa dicha lancha se feneció esta descarga y lo firmaron siendo testigos Juan Rizo, Juan Alegre y Juan de Bustos presentes= Angulo= Manuel de Verganza= Ante mi Pedro Fernández de Velazco escribano real.-

-Decimonovena descarga de la Galeota-

En la Ciudad de La Habana en 9 de enero de 1712 estando en la playa y marina inmediata al Castillo de la fuerza Vieja de esta plaza, el señor Don Matheo Luis de Florencia factor, veedor oficial de la Real Hacienda de esta Isla con intervención y asistencia de mi el infra escrito escribano y sin la de Don Joseph de Toca pagador de la Almiranta de Barlovento que se dice estar enfermo se procedió a la descarga de la Galeota de esta dicha ciudad que trae a su cargo el ayudante Manuel Méndez de Acevedo y en una canoa que se previno se echaron de ella a tierra 108 havas casidas y 17 talegos

138

cerrados que parecen ser de plata acunada que ha traído a su cuidado el capitán Don Francisco Arias, y estando puesta la guardia de la playa al Castillo por medio de los negros carretoneros se condujeron dichas havas y talegos con al almacén que abierto por su merced con la llave que tiene en su poder y la que le remitió dicho pagador se introdujeron en el y se volvió a cerrar= así mismo se desembarco de dicha Galeota un barril cerrado en que dicen se contienen diferentes piezas de plata labrada el cual se llevo a la Real Contaduria donde se puso y quedo a cargo de los Señores Oficiales Reales con que por no haber traído otra cosa dicha Galeota se feneció esta descarga y lo firmaron siendo testigos Juan Riso, Juan Alegre de Santiago y Juan de Busto presentes= Florencia= Joseph de Toca= Ante mi Francisco Díaz Dávila escribano mayor de Real Hacienda.

-20 Descarga de la lancha de la Almiranta-
En la ciudad de La Habana en 16 de enero de 1712 estando en la playa y marina inmediata al Castillo de la Fuerza Vieja de esta plaza el Señor Don Matheo Luis de Florencia factor, veedor de la Real Hacienda de esta dicha Ciudad e Isla de Cuba por su majestad se procedió a la descarga de la lancha de la Almiranta de la Real Armada de Barlovento que acaba de entrar en este puerto del casco de dicha nao, a cargo de Don Joseph Antonio de Moncayo y con intervención y asistencia de Don Joseph de Toca pagador por ante mi el escribano y testigos que irán declarados se echaron en tierra 79 havas cosidas que parecen ser de plata acunada, los cuales por medio de los negros carretoneros que se hallaron, estando puesta la guardia desde la paya al Castillo se llevaron a su almacén y abierto por su merced y dicho pagador se introdujeron en el y se volvió a cerrar como antes estaba, así mismo se desembarco de dicha lancha una barrica cerrada en que se incluyen diferentes piezas de plata labrada que

se ha buceado la cual se llevo a la Real Contaduria donde quedo a cargo de los Señores Oficiales Reales y lo firmaron siendo testigos Matheo de Barrios,, Pedro de Medrano y Andrés del Monte presentes= Florencia= Joseph de T oca = Ante mi Francisco Díaz Dávila escribano Mayor de Real Hacienda.-

21 Descarga de otra Lancha.-
En la ciudad de la Habana en 16 de enero de 1712, estando en Portal y Muelle de la Real Contaduria el señor Don Gabriel de Peñalver Angulo tesorero oficial de la Real Hacienda de esta dicha ciudad e Isla por su Majestad se procedió a la descarga de la lancha de Agustín Castellanos que acaba de entrar en este puerto del casco de la Almiranta perdida y por ante mi el escribano y testigos se echaron en tierra 36 zurrones de grana y tinta de añil muy mojado y algunos rotos los cuales según lo determinado se entregaron a Don Manuel de Verganza que esta presente y el susodicho los recibió para su beneficio y se hizo cargo de ellos, y por no haber traído otra cosa dicha lancha se feneció esta descarga, y lo firmaron, siendo testigos Juan Riso, Juan Alegre de Santiago y Juan de Bustos presentes= Angulo= Manuel de Verganza- Ante mi Pedro Fernández de Velazco escribano Real.=

_22 Descarga de la lancha de la Almiranta.-
En la Ciudad de la Habana en 21 de enero de 1712, estando en la playa y marina inmediato al Castillo de la Fuerza Vieja el señor Don Matheo Luis de Florencia factor oficial de la Real Hacienda de esta dicha ciudad con intervención y asistencia de Don Joseph de Toca pagador de la Almiranta de la Real Armada de Barlovento se descargaron de la lancha de dicha Almiranta que acaba de entrar en este puerto del casco de ella a cargo de Don Francisco Arias 7 havas cosidas que

dicen ser de plata acunada las cuales se llevaron en una carretilla al almacén de dicho castillo abierto por su Merced y dicho pagador se introdujeron en el y se volvió a cerrar y por no haber traído otra cosa dicha lancha se feneció esta diligencia y lo firmaron siendo testigos Juan Alegre, Matheo de Barrios teniente del dicho Castillo y Andrés de Monte presentes= Florencia = Joseph de Toca= Ante mi Francisco Días Dávila escribano mayor de Real Hacienda.

_Auto.-

En la Ciudad de La Habana en 23 de diciembre de 1711 los Señores Capitanes Don Agustín de Arriola y Don Pedro Benedit Horruitenes Alcaldes Ordinarios Gobernadores de lo Político en esta dicha ciudad y su Jurisdicción por su majestad dijeron que las muchas ocupaciones de su mercedes ... en el despacho y apresto de las embarcaciones que se han remitido de este puerto a los parajes donde naufragaron la Almiranta de la Real Armada de Barlovento del cargo del Señor almirante Don Diego de Alarcón y Ocana.....

DOCUMENTO DOS

DILIGENCIA-

-En La Habana en dicho hice saber y participe dicho Auto al Capitán Don Juan Manuel del Águila y Rojas alcaide del Castillo de la Fuerza Vieja doy fe= Juan de Uribe Oseta escribano público.__

-En La Habana en dicho día hice saber dicho auto a Don Cristóbal de Carvajal maestre de plata de la Almiranta perdida sobre Santa Ana doy fe= Juan de Uribe Oseta escribano publico___

-Habiéndoseme dado cuenta que en este Castillos de Vuestra Meced se han entrado diferentes caudales y trastes que pertenecen a particulares por el naufragios sucedido en la Almiranta ordeno a Vuestra Meced deje sacar a cada uno a su libertad y disposición lo que justamente fuere suyo que así lo tengo determinado por conveniente al servicio del Rey y utilidad de la causa publica= Guarde Dios a Vuestra Merced muchos anos= México y febrero 27 de 1712 anos, el Duque de Linares= Señor Castellano de la Real fuerza de La Habana= Corregido en la carta original de que va fecha men... y queda en poder de dicho Castellano a que me remito y para que conste en virtud de lo mandado por el auto antecedente pongo el presente en La Habana en 13 de abril de 1712 anos= hago mi signo en testimonio de verdad= Juan de Uribe Oseta escribano publico._____

-Testimonio en relación de la comunicación que ... a Don Bartolomé López .... De naufragio.

-El alférez Juan de Uribe Oseta escribano de su Majestad y publico del numero de esta ciudad como mejor pueda y deba doy fe y verdadero testimonio Señor Duque de Linares, Virrey, Gobernador y Capitán General del Reino de Nueva España y Presidente de su Real Audiencia de México ha dado y tiene concedida al Señor Don Manuel López Pintado Diputado Real de La Flota de Nueva España del cargo del Señor General Don Andrés de Arriola del orden de Santiago que al presente se haya surta y anclada en el Puerto de san Juan de Ulua dicho señor Virrey Teniente encargado diferentes diligencias solemnes el naufragio de la Almiranta de la real Armada de Barlovento que aconteció en la costa de Sotavento de este puerto entre Jaimanita y Santa Ana que de orden de dicho excelentísimo señor pasaba a España con el tesoro de su Majestad y de particulares como lo referido y otras cosas mas en particular constan de la dicha comisión secreta su data de 27 de febrero pasado de este ano que esta en su poder a que me remito y de su mandato en virtud del Auto antecedente pongo la presente en la Habana en 13 de abril de 1712= hago mi signo en testimonio de verdad= Juan de Uribe Oseta escribano publico.___

-Cargo fecho a Don Cristóbal e Carvajal.-

Cargo que resulta de los autos y se le hace a Don Cristóbal de Carvajal de que ha de dar satisfacción para las libranzas que se le despacharen cuyas cantidades son las siguientes._

-Un 1 000 041 000 pesos entalegado en el Castillo de la Fuerza a cargo de su castellano Don Juan de Rojas._

- 9728 pesos que parecen por dichos autos estar en dicha Fuerza a nombre de Don Joaquín de Ortega Capellán de la Almiranta.-

- 6493 que consta por dichos autos estar en dicho Castillo en tres cajones.-

-4 000 pesos por el producto de 4 jarras que están en dicho Castillo=

-5943 pesos que tomo en si y se le recargo._

-2076 pesos considerados de gastos en los frutos los cuales ha de persivir de los mismos frutos pro cuya razón se le hace el cargo.-

- 1357 pesos por haberlos persibido de Don Manuel de Verganza y pertenecen a esta cuenta.-

144

- 955 pesos que ha de persibir de 56 882 pesos en que se han entregado a diferentes particulares con justificación de prendas y se les reparte a uno y tres cuentos por 100 que toca esta.-

Como parece importa un millón setenta y un mil quinientos y ochenta y dos pesos y cuatro reales. Habana y abril 14 de mil setecientos y doce anos Don Manuel López Pintado.__

Razon de las libranzas que despacha el señor Don Manuel López Pintado diputado Real de la Flota del Señor General Don Andrés de Arriola y fuese despachado por el excelentísimo Señor Virrey de la Nueva España para la distribución de los caudales que se hayan en la Real Fuerza y se recaudaron del buceo de la Almiranta perdida del cargo del Señor Don Diego de Alarcón y Ocaña las cuales se han pagado a las personas siguientes:-

-En presencia del presente escribano de que otrogan recibos__

En 15 de abril 431 pesos y 2 reales al capitán Juan Manuel Duarte.___ U431p 2reales

-En dicho día 2587 pesos y 4 reales a Don Josephe de Aguirre._____2U585 4reales

-En dicho día 11 643 pesos y 6 reales a Don Francisco Sibriaz._____11U643 6reales

-En dicho día 12 506 pesos y 2 reales a Don Gaspar de la Rea Verdugo

-En dicho día 37 087 pesos y 4 reales a Don Tomas Ibáñez Carnero__

-En dicho día 22 281 pesos y 7 reales a Don Domingo Alaburu.___

-En dicho día 12 937 pesos y 4 reales a Don Franco de Eguillas____

-En dicho día 8391 pesos y 5 reales al Licenciado Don Juaquin Cayetano de Ortega__

-En dicho día 1 725 pesos a Don Juan Bautista Jonche.___

-En dicho día 41 414 pesos y 6 reales a Don Gaspar Preeny Castro___

-En dicho día 48 390 pesos y 4 reales al alférez Don Josephe de Ruanoba___

-En dicho día 3579 pesos y 3 reales a Don Pedro Theri__

-En dicho día 15 940 pesos a Don Juan de Justis.___

_En dicho día 7 331 pesos y 2 reales a   Don Thomas Ibáñez.__

-En 16 dicho 25 555 pesos y 5 reales a Don Juan Fiallo.__

-En dicho día 509 pesos al padre fray Antonio de Manzaneda__

-En dicho día 3546 pesos y 2 reales a Don Juan Miguel teniente.__

-En dicho día 4377 pesos y 2 reales a Don Sebastián Hernández Castellanos__

-En dicho día 1778 pesos y 1 real a Don Gerónimo Pérez.__

-En dicho día 4 774 pesos y 6 reales a Don Joseph de Mendieta.__

-En dicho día 404 pesos y 4 reales al capitán Juan Izquierdo.__

-En dicho día 6037 pesos y 4 reales a Don Joseph Caballero.__

-En dicho día 86 pesos y 2 reales a Don Joseph del Campo__

-En dicho día 16 725 pesos a Diego Triana Roo.__

-En dicho día 2285 pesos y 5 reales al alférez Benito Bisoso.___

-En dicho día 6672 pesos y 5 reales a Bartolomé Luque.__

-En dicho día 5 175 pesos al alférez Don Joseph Ruanova.__

-En dicho día 2150 pesos y 4 reales a Don Juan días de Tagle._

-En dicho día 872 pesos y 4 reales a Francisco Suarez.__

-En dicho día 847 pesos y 4 reales Don Francisco Antonio Bazabe.__

-En dicho día 6900 pesos dicho Señor Bazabe.__

-En dicho día 1597 pesos y 3 reales a Don Pedro Gutierres de Cosio.__

-En dicho día 4307 pesos y 4 reales a Don Andrés Rubio.__

-En dicho día 10 108 pesos y 4 reales a Don Manuel de Mirallas.__

-En dicho día 12 393 pesos a dicho señor Mirallas.-

-En dicho día 81 506 pesos y 2 reales a Don Manuel de Verganza.__

-En dicho día 16 126 787 pesos y 4 reales a dicho señor Verganza.__

-En dicho día 6 984 pesos y 6 reales a Don feliz Chacón.__

-En dicho día 7 407 pesos y 3 reales a Don Francisco de Noboa.__

-En dicho día 1725 pesos a Don Félix Chacon.__

-En dicho día 3578 pesos y 2 reales a Don Miguel de Ambolodi.__

-En dicho día 4426 pesos a Don Juan Francisco Carballo.__

-En dicho día 215 peos 6 reales a Don Domingo Alarburu.__

-En dicho día 125 235 pesos a Don Eugenio Martinez de Ribas.__

-En dicho día 1348 pesos y 2 reales a Don Pedro de Zendoya.__

-En dicho día 19 837 pesos y 4 reales a Don Francisco Sánchez de Caso.__

-En dicho día 17643 pesos y 4 reales al Doctor Don Joseph Muxica.__

-En dicho día 200 pesos a don Juan de Castilla__

-En dicho día 1725 pesos Agustín de Ariola.__

-En dicho día a Blas Francisco 171 pesos y 6 reales.__

-En dicho día 769 pesos y 5 reales a Domingo Hernández y Martin de Costo.__

-En dicho día 1400 pesos a Don Juan Esteban Fiallo.__

-En dicho día 90 131 pesos y 2 reales a Don Sebastián de Leisa.__

-En dicho día 172 pesos y 4 reales a Don Andrés Guisado.__

-En dicho día 345 pesos al Señor Almirante Don Diego Alarcón.__

-En dicho día 65 233 pesos y 7 reales al Señor diputado Don Manuel López Pintado._

-En dicho día 86 pesos y 2 reales a dicho señor diputado.__

-En dicho día 17 141 pesos y 3 reales a dicho señor diputado.__

-En 17 de dicho mes 657 pesos y 6 reales a Don Pedro Gutierrez Corso._

-En dicho día 86 pesos y 2 reales a Don Francisco Antonio Rozabe.__

-En dicho día 12 508 pesos y 4 reales a Don Fernando Varga Machuca.__

-En dicho día 425 pesos 1 real a 6 hombres de Mar que otorgaron recibo.__

-En dicho día 88 pesos a Don Thomas Ibáñez Carnero._

-En dicho día 619 pesos y 6 reales a 7 hombres de mar que otorgaron recibo._

-En dicho día 416 a 5 hombres de mar que otorgaron recibo._

-En dicho día 258 pesos 3 reales a 3 hombres de mar que otorgaron recibo.-

-En dicho día 158 pesos y 3 reales a Juan de Cárdenas y Domingo Rodríguez.__

-En dicho día 20 700 a Don Juan de Justi.__

-En dicho día 345 pesos a dicho señor Justi._

-En dicho día 5175 pesos a dicho señor Justi.__

-En dicho día 36 071 pesos a Don Manuel de Verpansa.__

-En dicho día 18, 3450 pesos a Don Francisco de Arias._

-En dicho día 136 pesos y 6 reales a Don domingo Alorburu.__

-En dicho día 280 pesos 3 reales a dicho señor Alorburu._

-En dicho día 304 pesos y 1 real a Gabriel de Torres._

-En dicho día 26 pesos y 4 reales a Francisco Joseph González.__
-En dicho día 29 pesos y 1 real a Ignacio Fernández._
-En dicho día 127 pesos y 5 reales a Francisco Román._
-En dicho día 708 pesos y 1 real a Don Francisco de Arias._
-En dicho día 48 pesos y 4 reales a Joseph de Aiala._
-En dicho día 1940 pesos a Don Manuel Mirallas.__
-En dicho día 727 pesos y 4 reales a Don Pedro de Olage._
-En dicho día 315 pesos y 5 reales a Don Nicolás Solano._
-En dicho día 110 pesos y 1 real a Don diego de Robladillo.__
-En dicho día 240 pesos y 4 reales a Diego García.__
-En dicho día 18; 5544 pesos al señor diputado Don Manuel López Pintado del medio porciento que toca a su majestad que Dios guarde._
-En 19 de dicho ; 70 pesos y 6 reales a Juan de Utrera.__
-En dicho día 280 pesos y 2 reales a Don Juan Francisco Carballo.__
-En dicho día 1725 pesos a Don Cristóbal de Carvajal.__
-En 19 de dicho 824 pesos al Licenciado Don Pedro Car…
-En dicho día 401 pesos a Don Cristóbal de Carvajal por 4 interesados en dicha cantidad.__
-En dicho día 339 pesos y 4 reales a Don Juan Castillos.__
-En dicho día 339 pesos y 6 reales a Don Diego Gaton._
-En dicho día 266 pesos y 6 reales al señor diputado Don Manuel López Pintado._
-En dicho día 53 673 pesos y 1 real y medio a Don Cristóbal de Carvajal porque esta de diferentes interesados que en dicha libranza se expresan._
-En 21 de dicho 1500 pesos a Don Juan de Rojas Castellano de la Real Fuerza.__
-En dicho día 21; 2000 pesos al señor diputado don Manuel López Pintado que se libro así mismo por las razones que expresa la libranza.__

-En dicho día 12 782 pesos a Don Cristóbal de Carvajal que le pertenecen por su encomienda y trabajo regulado por dicho señor diputado.__

-En dicho día, 500 pesos librados a Don Miguel de Ambulo..

-En dicho día 138 pesos 2 reales y medio al señor diputado._

Todas las cuales dichas cantidades suman un millón setenta y un mil quinientos y ochenta y dos pesos como parece de la de arriba y son las mismas que Don Cristóbal de Carvajal maestre de plata y recaudador que fue de la Almiranta de Barlovento que naufrago en esta costa a Sotavento en el paraje de Jaimanita y Santa Ana en conformidad del auto de 13 del corriente entrego a los interesados en el tesoro de particular es que venia en dicha Almiranta a cargo de dicho maestre por libranzas y decretose el señor Don Manuel López Pintado desde el día 15 hasta el 21 de este dicho mes así en el castillos de la Fuerza de lo que tenia a su cargo en deposito su castellano Don Juan Manuel del Aguila y Rojas Caballero del a Orden de Santiago, como en las casas de la morada de dicho Don Cristóbal de Carvajal y para que conste lo pongo por diligencia y a mayor abundamiento lo certifico en esta ciudad de La Habana en 21 de abril de este ano de 1712= Juan de Uribe Oseta escribano publico=

-Auto… la forma con que se ha de hacer el rateo de la grana y añil del patache._

-En la ciudad de la Habana en 13 de abril de este ano de 1712 los señores Don Manuel López Pintado juez de comisión por nombramiento del excelentísimo señor Virrey de Nueva España para el efecto que ira declarado y otros que contiene la misión y Don Eugenio Martínez de Ribas capitán de la fragata nombrada Nuestra Señora del Rosario que venia de patache y naufrago con la Almiranta de Barlovento del cargo del Señor Don Diego de Alarcón su Almirante a Sotavento de este puerto, costas, playas de Jaimanita con el tesorero de su majestad y de particulares que llevaban a España dijeron que en conformidad de las ordenes dadas por dicho excelentísimo señor Duque de Linares expedidas en sus cartas de 12 de marzo pasado de este ano a dicho señor Don Manuel López Pintado diputado real del Comercio de España por su Majestad= al capitán de mar y guerra de dicha Almiranta Don Francisco Baute- y a dicho Señor Don Eugenio Martinez de Ribas para que en conocimiento de la plata de mas efecto que se hubieren buscado de lo que venia embarcado en dicha fragata Nuestra Señora del Rosario y de los gastos y menoscabos que se hubieren causado y resultado se entreguen a sus dueños en la forma que hubieren por justo rateándoles así las cantidades que deben percibir por liquidar buceadas y beneficiadas y de la misma suerte los gastos y demás contribución es que pareciere deberse cargar a los interesados en dicho rateos= en cuya atención y de común acuerdo sus mercedes habiendo reconocido y comprendido todo lo que para este efecto parezca conveniente han de liberado y acordado se entregue a cada uno de dichos interesados que fueren en dicha fragata lo que se hubiere salvado, haciendo Ratio General de toda la plata y se les entregue con la contribución y menoscabo de siete por ciento por la quiebra que en ella ha habido y de los gastos causados hasta el dicha de la entrega en esta Ciudad y así mismo la mitad del fletamento que en los conocimientos costare hacer por la conducion y que así mismo se entregue a cada uno de dichos interesados la grana que le correspondiere en el Rateo neto de lo que se hubiere salvado y beneficiado y quien la recibiere pague por los gastos hechos hasta la conclusión por el dicho señor Don Eugenio por cada arroba veinte reales y la mitad de fletamento que constare por los conocimientos que lleva para España y porque al tiempo de enjuagar la dicha grana por equivocación se revolvieron con la .... Algunos zurrones de la silvestre se entregue a los interesados de dicha silvestre, la sexta parte de lo que pareciere pesaron netos los zurrones que embarcaron de la que se hubiere salvado por fina= y así mismo acordaron las mercedes en atención al punto del añil que se haga rateo de lo que se hubiere salvado en los interesados en dicho genero= y por no haberse salvado cajón alguno sea y se entienda dicho rateo con los que embarcaron zurrones solamente por haber parecido ser justo que no entren en el dichos cajones por ser notoria la perdida de todos ellos, y los que percibieren dicho añil como les tocare cada uno pague dos pesos por aroba por el costo y gastos que se han causado en su salvación y beneficio y de la misma suerte la mitad del fletamento que constare en los conocimientos y que dentro cualquiera cajo o cosa que se hubiere salvado porque la parte que legítimamente lo hubiere de percíbir la mitad de dicho fletamento en virtud de los conocimientos que demostrare y porque los gastos y beneficios y salvo lo que prudencialmente pareciere que debe satisfacer.

Y para que en todo tiempo conste de esta deliberación y acuerdo y que en su conformidad se acepte y hagan las entregas a dichos interesados su Merced dicho señor Juez de Comisión mando que yo el presente escribano se de ya dicho señor Don Eugenio los testimonios que pidieren autorizados en publica forma y manera que hagan fe donde se presentaren y lo firmaron de que doy Don Manuel López Pintado= Eugenio Martínez de Ribas ante mi Juan de Uribe Oseta escribano publico._

-En la ciudad de La Habana en 18 de abril de este ano de 1712= El señor Don Manuel López Pintado diputado Real de la Flota que se haya en el puerto de la Veracruz del cargo del Señor General Don Andrés de Arriola y Juez de Comisión de Naufragio de la Almiranta de la Real Armada.

DOCUMENTO TRES

-CARTA DE ALARCON – 15 DE MAYO 1712.-

-Muy Señor mio, habiendo salido, el día 29 de noviembre, del año pasado en cumplimiento de mi obligación, del puerto de la Veracruz con orden del Duque de Linares en la Almiranta de mi cargo a conducir 500 000 pesos de remisión del dicho Duque y hasta 80 de Guatemala, y otros ministros de socorro, para su Majestad y en mi compañía el aviso de Don Eugenio Martínez de Rivas, y otras embarcaciones de este trafico, y habiendo tenido feliz viaje hasta avistar esta isla el día 15 de diciembre mas de cinco leguas distante de la tierra a Sotavento de este puerto como 14, me entro un temporal por el Norte que solo se resolvió, el piloto a navegar con las mayores y mesana persuadido a que las aguas corrían para la Canal que es su curso ordinario y siendo en la ocasión mis contrarias y el tiempo muy vigoroso que se había echo noreste, nos arrimo a la costa sin haber bastado las diligencias que se hicieron posible, de suerte que naufrago en ella la Almiranta el aviso, y tres embarcaciones de este trato; y al cuarto del alba del día 16 estábamos los cinco varados, en cuya tribulación se me ahogaron mas de 60 hombres; y luego que salí a tierra me puse a recaudar el tesoro de su majestad que logre y tengo puesto en el Castillo de la Fuerza de esta Ciudad, con la mayor parte del de particulares qe conducía, que dando en la solicitud de salvar todo lo que falta, hasta los últimos clavos y pertrechos del navío, y con el mayor sentimiento que puedo ponderar a vuestra señoría de no haber logrado la felicidad de llegar a salvamento, y tener la fortuna de conseguir este servicio a su majestad que con tanto desvelo a procurado mi la lealtad; y ahora con la ocasión de hallarse en este puerto una fragata ligera del asiento que se haya en litigio sobre de examinarla procure se hiciese junta en Casa del Gobernador de las armas Don Luis Chacón, con los ministros de esta ciudad, que con efecto se hizo en la que se presente lo mucho que convenía al servicio de su majestad se me entregare, dicha fragata para en ella seguir mi viaje; tripulada con mi gente, y costeándola con el caudal que traía para manutención de ella, y poder pasar con este tesoro, en tiempo que lo lograra su majestad con anticipación de la campana en que no han convenido dichos Ministros como sabrá vuestra señoría por el testimonio de dicha junta que remito a su majestad por mano de Don Joseph Grimaldo, no dando el tiempo lugar a sacar otro que acompañe esta, y de todo despache aviso al Virrey Duque de Linares, y quedo aguardando su resolución; todo lo cual pongo en noticia de vuestra señoría como también el haber entrado ayer en este puerto, una fragata de la Veracruz que pasa con lo situado de Puerto Rico y Santo Domingo, en la que me dicen quedar pregonada la flota, para Junio de este ano; y si resuelve el virrey, el que yo pase en esta fragata, con este caudal espero en Dios estar en breve mas cerca para recibir las ordenes de vuestra señoría que tendrá a bien en que mi pariente Don Antonio de Alarcón le moleste, con mis pretenciones, que le digo dirija por vuesttra señoría para que siendo mi morenas logre yo el buen éxito en ellas; nuestro señor guarde a vuestra señoría muchos anos como deceo y es menester. Habana y enero 5 de 1712.-

…. De Vuestra Señoría su mas reconocido servicio.

-Don Diego de Alarcón y Ocaña

… Bernardo Tinajero.=

DOCUMENTO CUATRO.

SEÑOR.-

-Habiendo salido del Puerto de la Veracruz la Almiranta de la Armada de Barlovento el día 29 de noviembre próximo pasado a cargo de su Almirante Don Diego de Alarcón y Ocaña despachada por el Duque de Linares, Virrey de la Nueva España a la conducción de 525 000 pesos que remitía a Vuestra majestad de socorro; navegando en demanda de este puerto cinco leguas a Sotavento del naufragio el día 15 de diciembre en la noche y otras cuatro embarcaciones de las que venían en su conserva cuyo acaecimiento fue ocasionado de un grande viento que le dio por Norte cogiéndoles empeñados sobre la tierra donde vararon, cuya noticia luego que la tuvimos dimos todas las providencias que condujeron a fin de la reacudacion del Real tesoro y de particulares poniendo en el paraje donde se perdieron un Ministro de la Hacienda para que se tomase la razón de lo que se fuere salvando como hasta el presente esta entendiendo en ello el contador Don Juan Barrera Sotomayor y queda sacado así la fecha de esta un millón y setecientos mil pesos con poca diferencia almacenadas en el Castillo de la Fuerza Vieja de este puerto y deseando este Almirante pasar a España con el referido socorro en una fragatilla francesa de 18 cañones que se haya en este puerto para su ejecución convoco a junta a los gobernadores y ministros en la cual se resolvió despachar aviso al Virrey de la Nueva España para que como quien tendrá las disposiciones y ordenes de vuestra majestad para este fin de libere lo que tuviere por mas conveniente cuyo aviso se le hizo luego del cual se espera lo que en este particular se haya de ejecutar para todo ponerlo en la superior noticia de vuestra majestad en cumplimiento de nuestra primera obligación.- Guarde Dios L.O. R. P de Vuestra Majestad como la cristiandad ha menester.- Habana y enero 4 de 1712 anos.-

-Gabriel de Peñalver Angulo.- Mateo Luis de Florencia.-
Guillermo ...

DOCUMENTO CINCO.

-PETICION DE CARVAJAL.-
-... DE 1712, doy fe= Pedro Fernández de Velazco escribano Real.-
-NOTIFICACION.- En La Habana en 20 de enero de dicho ano hice notorio el auto de las dos fojas antecedentes a Don Cristóbal de Carvajal maestre de plata doy fe= Pedro Fernández de Velazco escribano Real.

-PETICION.- Don Cristóbal de Carvajal residente en esta ciudad, maestre de plata de la Almiranta de la Real Armada de Barloventeo que naufrago en esta costa, como mejor haya lugar por derecho, y con protestación que hago de usar de todos los que me competan= Digo que se me notifico un auto por vuestra merced proveído en 19 del corriente en que se sirve mandarme, presente el registro de dicha Almiranta con relación jurada de las porciones de plata que recibí con la claridad y distinción que se previene, y que asista a contar y recibir el dinero que se ha salvado y puesto en el Castillo de la fuerza Vieja de esta Plaza como mas claramente se percibe del tenor de dicho auto a que me refiero y cumpliendo con su tenor en la parte que expresare hago exhibición de dicho recibo= Y porque trayéndolo dentro de mi papelera esta, al tiempo del naufragio de dicha nao salió mojada y dicho registro tan maltratado que no se puede por el venir en verdadero conocimiento y verificación de sus partidas como se reconoce y que conste con claridad y distinción las separaciones de los caudales de su majestad situados de los presidios de esta Isla e intereses de diferentes aplicaciones que se me entregaron por los ministros de la Real Hacienda de la nueva ciudad y puerto de la Veracruz, hago presentación con el juramento necesario de esta delación jurada copiada de una carta cuenta que para el recibo de dichos caudales me dieron mediante la cual se puede proceder a cualquier separación que convenga ínterin que se me remite y llega el duplicado de dichos registros que tengo pedido por cartas misivas que despache a dicho puerto de la Veracruz, y en cuanto a lo que se dispone por el auto situado sobre que ocurra a dicho Castillo a constar en el, el dinero: vuestra merced se ha de servir de reformarlo en esta parte y mandar se me entregue íntegramente toda la que se halla en el Almacén de dicho Castillo que así hablando debidamente se debe hacer en justicias por lo que resulta en utilidad del Real haber y de los particulares interesados= y por que toda la plata que se ha salvado dl casco de dicha Almirante e introducido en dicho Castillo para su seguridad ha sido buscada como a vuestra merced consta y es notorio y como tal conservara en si el salitre de el agua salada que la deteriorara y menos cavara en gran manera en perjuicio de su Majestad y de los particulares haciéndoseme la entrega de toda ella como llevo pedido solicitare con la brevedad que se requiere endulzarla y introducirla en nuevo talegos y cajones con que se evita todo deterioro para cuyo beneficio no hay capacidad ni la claridad que se necesita en dicho Castillo y Almacén ofreciendo como ofrezco que llevado que haya dicha plata a las Casas en que tengo mi habitación y morada y ejecutando que sea en ellas dicho beneficio se restituirá todo lo que pertenece a su majestad, a dicho Castillo encajonado y con aquella cuenta y razón que conviene para que en el este pronto a las disposiciones del Excelentísimo Señor Duque de Linares Virrey de la Nueva España de cuya orden se hace su remisión quedando como a de quedar a mi cargo los demás porciones de particulares para los efectos que corresponden y en esta atención= a Vuestra merced pido y suplico se sirva haber por exhibido dicho registro y por presentada la relación jurada, y mandar se ponga con los autos, y en lo demás que se haga en la forma que llevo pedido por resultar conocido, útil y beneficio de su majestad, y de particulares sobre que de lo contrario protesto que los costos perjuicios y deterioros que se ocasionaren, no corran por mi cuenta, pido justicia y juro lo necesario= Cristóbal de Carvajal.-

-DECRETOS.-
-Por exhibido el registro y atento a estar tan maltratado e incomprensible el presente escribano lo ponga en el archivo, de su oficio= y se ha por presentada la relación de las partidas de Real Hacienda, póngase con los autos y tráiganse para proveer sobre lo demás lo que hubiere lugar; y atento a lo que conviene el adelantamiento en la separación de los caudales y hacer el beneficio, de endulzar las plata, se le concede desde luego licencia al maestre para que la lleve a su casa y conforme se fuere limpiando contando y encajonado la ira destituyendo al Castillo, y participes esta providencia al señor factor de la Real Hacienda, para que siendo servido a vista a esta diligencias= y así mismo se participe al señor capitán de corazas Don Luis Chacón gobernador de las armas de esta ciudad para que se sirva de dar las ordenes que convengan para que no tenga embarazo= Chacón= Licenciado Pimienta= Proveyó el Señor capitán Don Diego de Alarcón y Ocaña Almirante de la Real Armada de Barlovento por su Majestad, que lo firmo con asesor, en veinte y dos de enero de este ano de 1712= Pedro Fernández de Velazco escribano Real_____

-NOTIFICACION AL MAESTRE.-
En La Habana en 22 de enero de dicho ano, hice notorio el decreto antecedente a Don Cristóbal de Carvajal maestre de plata.- doy fe= Pedro Fernández de Velazco escribano Real.-

-PARTICIPACION.-

En La Habana en dicho día participe el decreto citado al Señor Don Mateo Luis de Florencia factor veedor oficial de la Real hacienda de esta isla doy fe= Pedro Fernández de Velazco escribano Real.___

-En la Ciudad de San Cristóbal de La Habana en 21 de enero de 1712, yo Don Cristóbal de Carvajal maestre de plata de la Almiranta de la Real Armada de Barlovento, que pasaba a España con el socorro de su majestad, y caudal de particulares a cargo de su Almirante el señor Don Diego de Alarcón y Ocaña, y naufrago en la costa de Jaimatina el día 16 del mes pasado de diciembre, declaro que las partidas que se me entregaron en la tesorería de la Real Caja y Puerto de la Nueva Veracruz, por caudal de su majestad y de diferentes aplicaciones, son las siguientes.___

-Registrado por la Real Caja de México=

-Por el situado de La habana 65 434 pesos y un real en reales y medios.___

-Por el situado de Cuba 35 000 pesos para España de remisión del excelentísimo Señor Duque de Linares, inclusive lo que remite el Oidor Don Félix de Agüero.___

-Por 5 000 pesos que el Duque de Hubenaso.___

-Registro por la Real Caja de Guatemala

-Por cuenta de diferentes aplicaciones que las partidas que se me entregaron en la tesorería de la Real Caja y Puerto de la Nueva Veracruz, por caudal de su majestad y de diferentes aplicaciones, son las siguientes.___

=Registro, por la Real Caja de México.___

-Por el situado de La habana 65 434 pesos y un real en reales y medios.__

-Por el situado de Cuba 35 000 pesos en reales y medios.__

-Por 500 000 pesos para España de remisión del Excelentísimo Señor Duque de Linares, inclusive lo que remite el Oidor Don Félix de Agüero.___

-Por 5000 pesos para el Duque de Jubenaso.__

-Registro por la Real Caja de Guatemala.-

-Por cuenta de diferente aplicaciones en plata doble, 44 939 pesos, 6 reales y 21 maravedís,-

-Por el valor de los tejos de oro 1686 pesos 2 reales y 27 maravedís.__

Por el valor de las 5 planchas de plata, 809 pesos 2 reales y 31 maravedís.___

-De dicha Real Caja separadas=

-Para casas de aposento de los señores del Real Consejom 8915 pesos, 7 reales y 26 maravedís.-

-Para mesadas eclesiásticas, 1541 pesos 2 reales y 4 maravedís.__

-Para ventas y composiciones de tierras, 2338 pesos 4 reales y 20 maravedís.-

-Para Don Juan de Castro gallegos enterados por el Señor Don Lorenzo de la torres, 3914 pesos._

-Por registro de dicha Real Caja de Guatemala de limosna para Nuestra Señora de la Cabeza de Sierra Morena.__

-Por 2000 pesos de remisión del señor Obispo de la Puebla cuya aplicación consta del registro.__

-Por 1700 pesos de remisión de Campeche cuya aplicación consta del registro._

-Por 25 000 pesos que recibí de Don Diego de Valverde de orden del Excelentísimo Señor Duque de Linares que la Reina Nuestra Señora.__

-Por la suma de las partidas de la caja de México y a referidas por manera que todo el caudal recibido en la Real Caja de la Veracruz con los 25 000 pesos que recibi aparte para la Reina Nuestra Señora, importa, 699 734 pesos 3 reales y 27 maravedís y es el que se ha de separar del que esta en el Castillo de la Fuerza de esta ciudad, y quedar allí hasta las disposiciones del Real Servicio, y esta relación juro a Dios y a la cruz, ser cierta y verdadera y no de malicia.

Fecha ut supra= Cristóbal de Carvajal, Don Gabriel de Peñalver Angulo tesorero, Don Mateo Luis de Florencia factor, veedor, Don Juan Barrera Sotomayor contador y Don Guillermo Tomas de Roo supernumerario, Oficiales de la Real Hacienda de esta Ciudad de la Habana e Isla de Cuba por su Majestad.__

-Al Señor Capitán Don Diego de Alarcón y Ocaña Almirante de la Armada Real de Barlovento.-

DOCUMENTO SEIS.

INDIFERENTE 2723.- ABRIL 1712.-

-DILIGENCIA.
En La Habana en dicho día y saber y participe dicho Auto al Capitán Don Juan Manuel de Aguila y Prosas Alcaide del Castillo de la Fuerza Vieja doy fe= Juan de Uribe Oseta escribano publico=
-Notificación=
-En La Habana en dicho día y se sabes dicho Auto a Don Cristóbal de Carvajal maestre de plata de la Almirante perdida sobre Santa Ana doy fe= Jiam de Uribe Oseta escribano publico.-
-Carta orden del señor Virrey remitida al Castellano de la Fuerza de la Habana=
-Habiéndoseme dado cuenta que en ese Castillo del cargo de vuestra merced se han entrado diferentes caudales y frutos que pertenecen a particulares por el naufragio sucedido en la almiranta ordeno a vuestra meced de se sacar a cada uno a su libertad y disposición lo que justamente fuere suyo que así lo tengo determinado por conveniente al servicio de Rey y utilidad de la causa publica= Guarde Dios a Vuestra Merced muchos ancs México y febrero 27 de 1712= El duque de Linares Señor Castellano de la Real Fuerza de La Habana.-
-Pie-
Corregido con la carta original de que va fecha mension y queda en poder de dicho Castellano a que me remito y para que conste en virtud de lo mandado por el antecedente, pongo el presente en La Habana n 13 de abril de 1712 anos= hago mi signo en testimonio de verdad= Juan de Oseta escribano publico.__

-Testimonio en relación de la comisión del Señor Virrey .. a Don Martin .. Pintado para conocer del naufragio=

El alférez Juan de Uribe Oseta escribano de su Majestad y publico del numero de esta ciudad como mejor parece y deba doy fe y verdadero testimonio que en la comisión que el excelentísimo señor Duque de Linares Virrey= Gobernador y Capitán General del Reino de Nueva España y Presidente de su Real Audiencia de México ha dado y tiene concedido al Señor Don Manuel López Pintado diputado real y de la flota de Nueva España del cargo del Señor General Don Andrés de Arriola del Orden de Santiago y que al presente se haya surta y anclada en el Puerto de San Juan de Ulua dicho Señor Virrey le tiene encargado diferentes diligencias sobre el naufragio de la Almiranta de la Real Armada de Barlovento que aconteció en la Costa de Sotavento de este puerto entre Jaimanita y Santa Ana que de orden de dicho Excelentísimo Señor pasaba a España con el tesoro de su majestad y de particulares= como lo referido y otras cosas mas en particular constan de la dicha comisión secreta su data de 27 de febrero pasado de este ano que queda en su poder a que me remito y de su mandato en virtud del auto antecedente pongo la presente en La Habana en 13 de abril de 1712= hago mi signo en testimonio de verdad= Juan de Uribe Oseta escribano publico.=

-Cargo fecho Don Cristóbal Carvajal.-

-Cargo que resulta de los autos y se le hace a Don Cristóbal e Carvajal; que a de dar satisfacción para las libranzas que se le despacharon cuya cantidades son las siguiente._

-Un millon y cuarenta y un mil pesos entalegados en el Castillo de la Fuerza a el cargo de su Castellano Don Juan de Rojas.

-Nueve mil setecientos veinte ocho pesos que parecen por dichos autos estar en dicha Fuerza a nombre de Don Juanchin de Ortega Capellan que era de la Almirante.-

-Seis mil cuatrocientos noventa y tres que consta por dichos autos estar en dicho Castillo esta en cajones._

-Cuatro mil pesos por el producto de cuatro barras que es tan en dicho Castillo._

-cinco mil novecientos cuarenta y tres pesos que tomo en su y se le hace el cargo._

-Dos mil sesenta y seis pesos considerados de gastos en los traslados a de apercibir de los mismos frutos por cuya razón se le hace el cargo._

-Un mil trescientos cincuenta y siete pesos y cuatro reales que se le hace cargo por haberlos percibido de Don Manuel de Vergara y pertenecen a esta cuenta.-

-Novecientos noventa y cinco pesos= que a de percibir de cincuenta y seis mil ochocientos ochenta y dos pesos de ro que se han entregado a diferentes particulares con justificación de prendas conocidas y se les reparte a uno y tres cuartos porciento que toda esta.-

-Como aparece importa un millón setenta y un mil quinientos y ochenta y dos pesos cuatro reales Habana y abril 14 de 1712 anos= Don Manuel López Pintado.

-Relación Jurada del Maestre de Plata.-

-Razon de las libranzas que despacha el señor Don Manuel López Pintado diputado real de la Flota del Señor General Don Andrés de Arriola y juez despachado por el Excelentísimo señor Virrey de Nueva España para la distribución de los caudales que se hayan en esta Real Fuerza y se Recaudaron del buceo de la Almirante Perdida del cargo del señor Don Diego de Alarcón y Acuna las cuales se van pagando a las personas siguientes en presencia del presente escribano de que otorgan recibos.___

-En 15 de abril 4 ciento treinta y un pesos y dos reales al capitán Juan Manuel Duarte.

-En dicho día 2587 pesos y 4 reales a Don Joseph de Aguirre.

En dicho día 11 643 pesos y 6 reales a Don Francisco Sibrian.-

-En dicho día 12 506 pesos y 2 reales a Don Gaspar de la Rea Verdugo.-

En dicho día 37 087 pesos y 4 reales a Don Tomas Ibanez Carnero.-

-En dicho día 22 281 pesos y 7 reales a Don Domingo de Alorbura.-

-En dicho día 12 937 pesos y 4 reales a Don Francisco de Eguilus.-

- En dicho día 8391 pesos y 5 reales al Licenciado Don Joaquin Cayetano de Ortega.-

-En dicho día 1725 pesos a Don Juan Bautista Roche.-

-En dicho día 41 425 pesos y 6 reales a Don Gaspar Preny Castro.-

-En dicho día 15; 48 390 pesos y 4 reales al alférez Don Josepeh de Ruanova._

-En dicho día 3 579 pesos y 3 reales a Don Pedro Teri.-

-En dicho día 15 940 pesos a Don Juan de Justis.-

-En dicho día 7 331 pesos y 2 reales a Don tomas Ibáñez.

-En 16 de dicho, 25 555 pesos y 5 reales a Don Juan Fiallo.-

-En dicho día 509 pesos al padre frai Antonio de Manzaneda.-

-En dicho día 3546 pesos y 2 reales a Don Juan Miguel Thint.-

-En dicho día 4 377 pesos y 2 reales a Don Sebastián Hernández Castellanos.-

-En dicho día 1 778 pesos y 1 real a Don Gerónimo Pery.-

-En dicho día 4674 pesos y 6 reales a Don Joseph de Mendieta.-

-En dicho día 404 pesos y 4 reales al capitán Juan Izquierdo.-

-En dicho día 6037 pesos y 4 reales a Don Joseph Caballero.

-En dicho día 86 pesos y 2 reales a Don Joseph del Campo.

-En dicho día 16 725 pesos a Don Diego de San Juan de Roo.

-En dicho día 2285 pesos y 5 reales al alférez Benito Bicioso.

-En dicho día 6162 pesos y 5 reales a Bartolomé Luque.

-En dicho día 5175 pesos al Alferez Don Joseph de Ruanoba.

-En dicho día 2150 pesos y 4 reales a Don Juan Díaz de Tagle.

-En dicho día 862 pesos y 4 reales a Francisco Suarez.

-En dicho día 847 pesos y 4 reales a Don Francisco Antonio Bazabe.

-En dicho día 1597 pesos y 3 reales a Don Pedro Gutierrez de Cosio.-

-En dicho día 4307 pesos y 4 reales a Don Andrés Rubio.-

-En dicho día 10 108 pesos y 4 reales a Don Manuel de Mirallas.

-En dicho día 12 393 pesos a dicho señor Mirallas.

-En dicho día 81 506 pesos y 2 reales a Don Manuel de Verganza.

-En dicho día 16 126 787 pesos y 4 reales a dicho señor Verganza.

-En dicho día 6984 pesos y 6 reales a Don Félix Chacón.

-En dicho día 7406 pesos y 3 reales a Don Francisco de Novoa.

-En dicho día 1725 pesos a Don Feliz Chacón

-En dicho día 3568 pesos 6 reales a Don Joseph Martínez.

-En dicho día 2156 pesos y 2 reales a Don Miguel de Ambulodi

-En dicho día 4426 pesos a Don Juan Francisco Carballo.

-En dicho día 215 pesos y 6 reales a Don Domingo de Alorbura.

-En dicho día 125 235 pesos a Don Eugenio Martínez de Ribas.

-En dicho día 1348 pesos y 2 reales a Don Pedro de Zendoya.

-En dicho día 19 839 pesos y 4 reales a Don Francisco Sánchez de Caso.

-En dicho día 17 643 pesos y 4 reales a Señor Don Joseph Muxica.

-En dicho día 200 pesos a Don Juan de Castilla.

-En dicho día 1725 pesos a Don Agustín de Arriola.

-En dicho día a Blas Francisco 175 pesos y 6 reales.

-En dicho 779 pesos y 5 reales a Domingo Grande y Manuel de Cosio.

-En dicho día 1004 pesos a don Juan Esteban Fiallo.

-Een dicho día 90 131 pesos y 2 reales a Don Sebastián de Leisa.

-En dicho día 172 pesos y 4 reales a Don Andrés Guisado.

-En dicho día 345 pesos al señor Almirante Don Diego Alarcon.

-En dicho día 75 233 pesos y 6 reales al señor diputado Don Manuel López Pintado.

-En dicho día 86 pesos y 2 reales al dicho señor diputado.

-En dicho día 17 141 pesos y 3 reales a dicho señor diputado.

-En 17 de dicho mes 656 pesos y 6 reales a Don Pedro Gutierrez Cosio.

-En dicho día 86 pesos y 2 a Don Francisco Antonio Bazabe.

-En dicho día 12 508 pesos y 4 reales a Don Fernando de Vargas Machuca.

-En dicho día 425 pesos y 1 real a seis hombres de Marque otorgan recibo.-

-En dicho día 88 pesos a Don Tomas de Ibanez Carrero.

-En dicho día 410 pesos y 6 reales a cinco hombres de que otorgaron recibo.

-En dicho día 619 pesos y 6 reales a 7 hombres de Marque otorgaron recibo.

-En dicho día 258 pesos 3 reales a tres hombres de mar que otorgaron recibo.

-En dicho día 158 pesos y 3 reales a Juan de Cardenas y Domingo Rodríguez.

-En dicho día 20 700 a Don Juan de Justiz.

-En dicho día 345 pesos a dicho señor Justiz.

-En dicho día 5175 a dicho señor Justiz.

-En dicho día 36 070 pesos a Don Manuel de Verganza.

-En dicho día 1725 pesos a dicho Don Manuel de Verganza.

-En 18 de dicho 3450 pesos a Don Francisco de Arias.

-En dicho día 136 pesos y 6 reales a Don Domingo de Alorbura.

-En dicho día 280 pesos y 3 reales a dicho señor Alorbura

-En dicho día 304 pesos y 1 real a Gabriel de Torres.

-En dicho día 26 pesos y 4 reales a Francisco Joseph González.

-En dicho día 29 pesos y 1 real a Ignacio Fernández.

-En dicho día 127 pesos y 5 reales a Francisco Román

-En dicho día 708 pesos y 1 real a Don Francisco Arias.

-En dicho día 48 pesos y 4 reales a Joseph de Aiala.

-En dicho día 1940 pesos a Don Manuel Mirallas.

-En dicho día 728 pesos y 4 reales a Don Pedro de Olague.

-En dicho día 315 pesos y 5 reales a Don Nicolás Lozano

-En dicho día 110 pesos y 1 real a Don Diego de Robladil.

-En dicho día 240 pesos y 4 reales a Diego García.

-En dicho día 18, 5544 pesos al Señor Diputado Don Manuel López Pintado del medio por ciento que toca a su majestad que Dios Guarde.

-En 19 de dicho 60 pesos y 6 reales a Juan de Utrera.

-En dicho día 280 pesos y 2 reales a Don Juan Francisco Carballo.

-En dicho día 1725 pesos a Don Cristóbal de Carvajal.

-En 19 de dicho 824 pesos y 4 reales al Licenciado Don Pedro Caro y Drogo.

-En dicho 401 pesos a Don Cristóbal de Carvajal por 4 interesados en dicha cantidad.

-En dicho día 339 pesos y 6 reales a Diego Gaton.

-En dicho día 339 pesos a Don Juan de Castilla.

-En dicho día 266 pesos y 6 reales al Señor Diputado Don Manuel López Pintado.

-En dicho día 53 673 pesos y 1 real y medio a Don Cristóbal de Carvajal; por cuenta de diferentes interesados que en dicha libranza se expresan.

-En 21 de dicho 1500 pesos a don Juan de Rojas Castellano de la Real Fuerza.

-En dicho día 21; 2000 pesos al señor diputado Don Manuel López Pintado que se libro así mismo por las razones que expresa la libranza.

-En dicho día 12 782 pesos a Don Cristóbal de Carvajal por su encomienda y trabajo regulado por dicho señor Diputado.

-En dicho día 500 pesos librados a Don Miguel de Ambulodi.

-En dicho día 138 pesos y 2 reales y medio al señor Diputado.

-Todas las cuales dichas cantidades importan un millón setenta y un mil quinientos y ochenta y dos pesos como parece de la de arriba y son las mismas que Don Cristóbal de Carvajal maestre de plata y recaudador que fue de la Almiranta de Barlovento que naufrago en esta costa a Sotavento en el Paraje de Jaimanita y Santa Ana en conformidad del auto de trece del corriente entrego a los interesados en el tesorero de particulares que venia en dicha Almiranta a cargo de dicho maestre por libranzas y decretos del Señor Don Manuel López Pintado desde el día 15 hasta el 21 de este dicho mes, así en el Castillo de la Fuerza de lo que tena a su cargo en deposito su Castellano Don Juan Manuel del Aguila y Rojas Caballero del Orden de Santiago como en las Casas de la morada del dicho Don Cristóbal de Carvajal y para que conste lo pongo por diligencia y a mayor abundamiento en esta ciudad de la Habana en veinte y uno de abril de este ano de mil sete...

ABREVIATURAS EMPLEADAS.

AGI: Archivo General de Indias. España.

AGN: Archivo General de la Nación. México.

AGS: Archivo General de Simancas. España.

AHN: Archivo Histórico Nacional. España.

AHNO: Archivo Histórico de la Nobleza. Toledo. España.

ANC: Archivo Nacional de Cuba.

ARCV: Archivo de la Real Chancillería de Valladolid. España.

BNE: Biblioteca Nacional de España.

BNF: Biblioteca Nacional de Francia.

BDRAH: Biblioteca Digital de la Real Academia de la Historia. Madrid. España.

BVD: Biblioteca Virtual de Defensa. Madrid. España.

NMM. National Maritime Museum. Londres. Inglaterra.

BIBLIOGRAFIA

Arrate, José Martín Félix de. (1964). *Llave del Nuevo Mundo, Antemural de las Indias Occidentales. La Habana Descripta: Noticias de su Fundación, aumentos y estado,* La Habana, Comisión Nacional Cubana de la UNESCO.

Calvo Poyato, José. (1998). *La vida y la época de Carlos II el Hechizado.* Barcelona. Editorial Planeta.

Calvo Poyato, José. (1988). *La Guerra de Sucesión.* Madrid. Editorial Anaya.

Castro y Bravo, Federico de. (1927). *Las naos españolas en la carrera de las Indias. Armadas y flotas en la segunda mitad del siglo XVI.* Madrid, Editorial Voluntad.

Danvila, Alfonso. *(1905). Fernando VI y Doña Bárbara de Brapanza (1713-1748).* Madrid. Imprenta de Jaime Ratés Martín.

Euguren, R. (1986). *La fidelísima Habana.* La Habana. Editorial Letras Cubanas.

Fernández Duro Cesáreo. (1972-1973). *Armada española. Desde la unión de los reinos de Castilla y Aragón.* Madrid. Museo Naval de Madrid.

Guerra, y Sánchez, R. (1964). *Manual de Historia de Cuba, económica, social y política.* La Habana. Editorial del Consejo Nacional de universidades.

Guerra Sánchez, R y otros. (1952). *Historia de la Nación Cubana*. Tomo II. La Habana. Editora Historia de la Nación Cubana.

Haring, C.H. (1979). *Comercio y navegación entre España y las Indias*. México DF. Fondo de Cultura Económica.

Kamen, H. (1974). *La Guerra de Sucesión en España (1700-1715)*, Barcelona, Grijalbo.

Martínez Shaw C. y Alonso Mora, M.(2001). *Felipe V*. Madrid. Ediciones Arlanza.

Ots Capdequí, José María (1975). *El estado español en las Indias*. La Habana. Editorial Ciencias Sociales.

Pérez de Arrate, M.F. (1964). *Llave del Nuevo Mundo, Antemural de las Indias Orientales. La Habana Descripta: Noticias de su Fundación, aumentos y estado*. La Habana. Comisión Nacional Cubana de la UNESCO.

Pérez-Mallaína, Pablo Emilio. (1982). *Política naval española en el Atlántico, 1700-1715*. Sevilla. Escuela de Estudios Hispanoamericanos.

Pezuela, Jacobo de la. (1968*) Historia de la Isla de Cuba*. Madrid. Imprenta Carlos Baillo- Bailliere.

Roig de Leuchsenring, Emilio. (1966). *La Habana: Apuntes Históricos*. Tomos I y II. La Habana. Oficina del Historiador de la Ciudad de La Habana.

Torres Ramírez, B. (1981). *La armada de Barlovento*. Sevilla. Escuela de Estudios Hispanoamericanos.

Vidal José-Antonio Sales. (1997). *La vida y época de Felipe V.* Barcelona. Ediciones Planeta.

Voltes Bou, Pedro. (1991). *Felipe V: fundador de la España contemporánea.* Madrid. Editorial Espasa-Calpe.

Walker, Geoffrey J. (1979*).Política española y comercio colonial, 1700-1789.* Barcelona. Ediciones Arie

www.ingramcontent.com/pod-product-compliance
Lightning Source LLC
LaVergne TN
LVHW011329080426
835513LV00006B/251